W0469664

hänssler

Michael Müller

BE DIFFERENT

Wahre Liebe wartet

... Du bist es wert!

Hänssler-Taschenbuch
Bestell-Nr. 394.115
ISBN 3-7751-4115-4

Internet: www.haenssler.de
E-Mail: info@haenssler.de
Umschlaggestaltung und Innenillustrationen: Cornelia Trometer
Satz: Vaihinger Satz & Druck, Vaihingen/Enz
Druck und Bindung: Ebner & Spiegel, Ulm
Printed in Germany

Inhalt

Vorwort

Ich habe leider nicht miterlebt, wie die Kinder Israel durchs Rote Meer zogen. Auch die Speisung der Fünftausend und viele andere Wunder, von denen die Bibel berichtet, habe ich nicht gesehen. Aber ganz zweifellos habe ich mit eigenen Augen ein Wunder gesehen.

Im Jahr 1993 fühlten sich führende Persönlichkeiten in der Regierung, im Gesundheits- und Erziehungswesen der Vereinigten Staaten schockiert und hilflos aufgrund der sozialen Folgen der zunehmenden sexuellen Unmoral bei Jugendlichen. Leider sahen die meisten keinen anderen Ausweg als die Teenager zu bitten, manche Risiken bei ihren sexuellen Abenteuern möglichst einzuschränken. Andere Jugendleiter bei LifeWay Christian Resources, wo ich arbeitete, beteten um eine bessere Möglichkeit.

Nashville in Tennessee ist sehr bekannt für die amerikanische Country-Musik. Es gibt da aber auch eine kirchliche Jugendgruppe, die sich für Gottes Pläne und Ziele bereithält. An einem Wintertag stand ich als ihr Jugendleiter vor ihnen und sagte:

»Viele von euch kenne ich gut, denn wir arbeiten seit Jahren zusammen. Ich weiß, dass die meisten von euch sich konsequent verpflichtet haben, sich sexuell zurückzuhalten und bis zur Hochzeit unberührt zu bleiben. Aber das ist ein sehr persönlicher privater Entschluss. Vielleicht wissen nicht einmal eure guten Freunde, dass das für euch ein hoher Wert ist. Aber denkt einmal nach, was passieren könnte, wenn Gottes Jugend sich von jetzt an gemeinsam und öffentlich für sexuelle Reinheit einsetzt. Stellt euch vor, wie dadurch jede und jeder Einzelne gestärkt würde. Stellt euch vor, wie das junge Leute beeindrucken würde, die noch nicht wissen, wie sie sich entscheiden sollen. Denkt einmal, wie stark das auf eine verlorene Generation wirken könnte. Ich frage euch also jetzt: Seid ihr bereit öffentlich zu bekunden, dass ihr Gott versprochen habt, bis zu eurer Hochzeit keinen Sex zu haben?«

Durch Gottes Gnade meldeten sich 53 Teenager, die mit Begeisterung bereit waren diesen Standpunkt zu vertreten. LifeWay Christian Resources (damals hieß es noch The Sunday School Board) schickte wenig später 1000 Jugendpfarrer nach Nashville. Die 53 ersten Jugendlichen von True Love Waits (Wahre Liebe wartet) traten vor die Jugendpfarrer und sagten: »Wir glauben, dass es in allen euren Gruppen Schüler und Studenten gibt, die auch bereit sind und den Mut haben, sich öffentlich für Reinheit und Verzicht bis zur Heirat einzusetzen.« Die Jugendpfarrer sprangen auf, weinten und applaudierten mehr als zehn Minuten lang.

Am nächsten Tag kehrten die Jugendpfarrer in ihre Wohnorte in allen 50 Staaten der USA zurück. Sie merkten schnell, dass junge Leute in ihren Gruppen tatsächlich bereit waren, ihre Überzeugung öffentlich zu bekunden. In etwa 48 Stunden wuchs True Love Waits von einer einzigen Jugendgruppe zu einer landesweiten Bewegung. In den USA überwand die Bewegung schnell die Konfessionsgrenzen und wird jetzt von fast 100 nationalen Institutionen und Jugendorganisationen unterstützt. Nach wenigen Wochen breitete sich die Bewegung in andere Kontinente aus und arbeitet jetzt in über 100 Ländern.

Weil die Bewegung von Gottes Hilfe und Leitung lebt, wirkt sie überall, wo sie hinkommt. Anfang 1990 hatte die sexuelle Unmoral in den USA zwanzig Jahre lang ständig zugenommen. Seit dem Start von True Love Waits mit der Unterstützung einer breiteren Bewegung für Enthaltsamkeit sind die Raten sexueller Betätigung, Abtreibungen, unehelicher Schwangerschaften und Geschlechtskrankheiten unter Jugendlichen jedes Jahr gefallen. In Uganda ist True Love Waits explosionsartig gewachsen, während die Infektionsraten mit Aids von 30 auf 10 Prozent der Erwachsenen und Jugendlichen gefallen sind.

Weltweit entschließen sich Jugendliche für Enthaltsamkeit. Wer weiß, wohin das führt? Vielleicht will Gott in seiner Gnade eine weltweite Erweckung unter Jugendlichen starten. Vielleicht gehört ihr engagierter Einsatz für Reinheit zur Vorbereitung auf die Aufgabe, die nächste Erweckungsgeneration zu sein. Michael Müller ist genau der Richtige, um dieses Buch zu schreiben. Er ist ein bescheidener Mensch, aber Gott selbst hat Michael als wichtigsten Sprecher der Reinheitsbewegung in Europa in seinen Dienst genommen. Er hat alle öffentlichen Foren und alle Medienangebote genutzt, um Gottes Wahrheit klar und in ansprechender Weise bekannt zu machen. Michael und ich sind über die Meere gereist, um die Gemeinschaft miteinander zu genießen. Ich begrüße dieses Buch mit Freude; er hat damit eine wunderbare neue Möglichkeit gefunden, für Gottes Reich einzutreten.

Richard Ross, Ph. D.
September 2003
Fort Worth, Texas, USA
(Gründer von TLW und ihr Sprecher)
Professor für Jugendseelsorge
Southwestern Baptist Theological Seminary

Liebe ist nicht logisch

Denke ich an die Anfänge der »Wahre Liebe wartet«-Bewegung in Deutschland zurück, so kann ich nur staunen. Was unscheinbar begann, wurde zu einer lauten Herausforderung. Zu Gast in Talkshows, Teenagerkreisen, Interviews und auf Konferenzen konnte ich zu Jugendlichen über Gottes Gedanken zum Thema Nr. 1 sprechen. Mit Teenagern verschiedener Nationalitäten und kultureller Hintergründe sprach ich über einen Lebensentwurf, der die Exklusivität der Ehe schätzt.

Dabei fällt immer wieder auf, Gründe für das »Warten« lassen sich nicht herleiten wie eine mathematische Formel. Liebe ist nicht logisch.

Dieses Taschenbuch ist weniger der Versuch einer »Beweisführung«, als vielmehr Anstoß zum Perspektivenwechsel. Es ist eben eher eine Frage des Blickwinkels als der Argumente. Doch wer diesen Schritt zum Perspektivenwechsel wagt, dem eröffnet sich eine ungeahnte Schönheit. Eine Schönheit, die sich nicht erst in der Ehe entdecken lässt, sondern die schon in Teenager- und Jugendjahre hineinstrahlt.

In den vergangenen Jahren habe ich sehr viele wertvolle Menschen kennen gelernt. Ansteckende Vorbilder aller Altersklassen waren mir immer wieder Motivation den richtigen Blickwinkel zu behalten. Ihnen habe ich viel zu verdanken.

Doch mein größter Dank gilt dem, der sein Leben für mich gegeben hat und dem mein Leben gehört – Jesus Christus. Er ist der Grund meiner Überzeugung.

Viel Freude beim Lesen wünscht

Michael Müller
Initiator der Aktion »Wahre Liebe wartet«
in Deutschland.

Wahre Liebe wartet – du bist es wert.

»Verfolgung« mit Folgen

Es war ein heißer Tag. Die Eiswürfel ihrer Pepsi waren schon zu flachen Scheiben zusammengeschmolzen und auf dem Beifahrersitz lagen noch einige Pommes. Wenig abwechslungsreich präsentierte sich die steinige texanische Landschaft, durch die sie der Highway Nr. 10 kerzengerade führte. Langeweile war angesagt. Auch das Radio hatte längst nichts Aufregendes mehr zu bieten. Den ständigen Blick auf die Uhr empfand sie schon fast als anstrengend. »Warum wandert der Zeiger heute so langsam?« Der Minutenzeiger schien ihr eigenartig träge zu sein. Durch kein Zählspiel konnte sie sich noch effektiv ablenken, denn es kamen ihr auch immer seltener Fahrzeuge entgegen. Einfach das Lenkrad festhalten, Gas geben und nach vorne schauen.

»Nur noch 4 Stunden und 15 Minuten, bis ich bei meiner Tante in El Paso bin«, murmelte sie vor sich hin. »Immerhin, zwei Stunden habe ich doch schon hinter mir.« Auf dieses Treffen freute sie sich riesig. Ihre Geschwister, die beide im Ausland studierten, würde sie dort endlich wieder sehen. »Natürlich ist es schön, per

E-Mail mit ihnen Kontakt zu halten, doch dort kann man mal wieder zusammensitzen, gemeinsam lachen, mexikanisch essen gehen und für ein paar Stunden alles andere vergessen«, dachte sie. Die Erinnerung an ihre Geschwister lief wie ein Film vor ihr ab. Die drei verstanden sich schon immer sehr gut, aus diesem Grund fiel es allen schwer, so weit voneinander entfernt zu wohnen. Umso mehr freuten sie sich auf die wenigen gemeinsamen Stunden. Beide waren älter als sie und doch gehörte »die kleine Schwester« immer ganz dazu. Ihr Bruder hatte zwar einen leichten Hang zum Kommandoton, war aber trotzdem ausgesprochen gutmütig. Man musste eben nur wissen, wie er es meinte. An ihrer Schwester gefiel ihr der unaufhörliche Ideenreichtum. Außerdem konnte sie jeden Menschen zum Lachen bringen. Dieser Erinnerungsfilm schien ihr eine kleine Ewigkeit zu dauern. Schließlich verriet ihre Uhr – nur noch 4 Stunden und 9 Minuten. Allen möglichen Reglern und Knöpfen im Auto verpasste sie Fantasienamen, um sich nach einiger Zeit wieder selbst zu testen. Sie bestand ihre eigenen Prüfungen mit Bravour, was die Sache auch nicht unbedingt spannender machte.

Die quälende Langeweile wurde unterbrochen, als in ihrem Rückspiegel ein riesiger Truck auftauchte: ein PS-Monster, das nur so vor Kraft strotzte und mittlerweile recht dicht auffuhr. Der Kühlergrill füllte das Sichtfeld ihres Rückspiegels komplett aus und die anfängliche Neugierde schlug in skeptisches Abwägen um. »Warum fährt dieser riesige Truck so dicht hinter mir her, wo doch weit und breit kein entgegenkommendes Fahrzeug zu erkennen ist? Der wird mich gleich überholen«, dachte sie und bemühte sich den Wagen zu ignorieren – soweit das überhaupt möglich war.

Als der Truck nach vielen Meilen immer noch wie eine Klette an ihrer Stoßstange zu kleben schien, wurde ihr die Sache doch ein wenig unheimlich. Schließlich saß da oben ein Mann am Steuer, dem sie in diesem Umfeld so ziemlich alles zutraute. »Du darfst mich gerne überholen«, flüsterte sie, drosselte das Tempo ihres Honda und deutete einen kurzen Stopp am Fahrbahnrand an. Doch das Angebot wurde nicht erwidert. Auch der Truck drosselte sein Tempo und blieb nur wenige Meter hinter dem Honda stehen. Ihre Skepsis wandelte sich in Panik. Was sie nicht zu denken wagte, wurde für sie zu schockierender Realität. »Der will etwas von mir oder sogar mich«, schoss es ihr durch den Kopf. Also entschloss sie sich weiterzufahren, nachdem sie vorgetäuscht hatte, etwas aus ihrem Handschuhfach entnommen zu haben. Von solchen Typen hatte sie schon viel gehört und gelesen. Erinnerungen an Fahndungsberichte, Radiomeldungen und Filme, die Frauen in ähnlichen Situationen zeigten, erwachten. Der Gedanke ließ ihren Puls immer schneller schlagen. Sie hörte ihr eigenes Herz, es raste in ihr. Schwindelgefühle und Angst packten sie, als sie sich ausmalte, was hier passieren könnte. Kein Handy, keine Menschen, nur Einöde. Niemand würde erfahren, was geschehen war, niemand.

In ihrer Verzweiflung trat sie auf das Gaspedal und machte so deutlich, was in ihr vorging. Die Straße versank am Horizont, rechts und links eine steinige Landschaft – und nach wenigen Meilen war er wieder direkt hinter ihr. Wie sollte sie sich verhalten? Was würde sie tun, wenn er ihren Wagen einfach von der Straße rammte – hätte sie doch nicht fahren sollen – würde er sie am Leben lassen ... Sie konnte keinen klaren Gedanken mehr fassen, schwitzte am ganzen Körper und schrie laut in ihrem Wagen um Hilfe. »Es wird ihm gefallen, dass ich so hilflos bin«, dachte sie sich. Doch sie konnte ihre Gefühle nicht mehr länger verbergen.

Hoffnung auf Hilfe keimte in ihr auf, als ein altes Schild am Straßenrand auftauchte: 4 Meilen bis zur nächsten Tankstelle! Schnellstmöglich versuchte sie diese 4 Meilen hinter sich zu bringen. Der riesige Truck folgte problemlos, auch wenn sie zeitweise mehr Abstand gewann. Jetzt waren es nur noch wenige Meter. Eine unbeschreibliche Erleichterung kam über sie, als sie eine Gruppe von Menschen in einem angrenzenden Stehcafé entdeckte. Endlich wieder unter Menschen! Ziemlich schief brachte sie ihren Wagen vor der Tankstelle zum Stehen und sprang hysterisch schreiend heraus: »Hilfe, Hilfe, ich werde verfolgt!« Der Truckfahrer schien von ihrer Panik völlig unberührt und parkte direkt hinter dem Honda. Sie suchte Zuflucht in der Menge und beobachtete durch das Fenster, wie der Fahrer entschlossen ausstieg. »Hat er überhaupt keine Skrupel? Will er mir vor allen Leuten etwas antun?« Der Mann lief zielstrebig auf ihren Wagen zu, riss die hinte-

Hilfe, Hilfe, ich werde verfolgt!

re Tür auf und zerrte einen Mann aus dem Wagen, der sich ohne ihr Wissen dort versteckt hatte. Er schnappte ihn, stellte ihn zur Rede und machte ihn mit wenigen Handgriffen für die nächsten paar Stunden bewegungsuntauglich. Die Frau rannte irritiert aus dem Café und verstand die Welt nicht mehr. »Was soll das? Was geht hier vor? Wer ist dieser Fremde?«, fragte sie verwundert. Der Truckfahrer versuchte sie zu beruhigen: »Als ich hinter Ihnen fuhr, sah ich von meinem Steuer aus einen Mann, der sich in Ihrem Wagen versteckt hielt. Ich dachte mir: ›Der hat nichts Gutes vor.‹ Deshalb blieb ich hinter Ihnen, bis ich den Typen fassen konnte.« Erst jetzt begriff sie, wovor der Truckfahrer sie bewahrt hatte. Sie setzte sich auf den Boden, stützte ihren Kopf in beide Hände und fing vor Dankbarkeit und Erleichterung zu weinen an.

Nur in eine Richtung denken?

Immer wieder erinnert mich dieses spektakuläre Missverständnis an das Verhalten vieler Teenager, vor allem dann, wenn von Gottes Willen im Umgang mit Sexualität die Rede ist. Diese Kombination löst oft seltsamerweise eine ähnliche Verfolgungsangst aus, wie sie die Frau am Steuer erlebte. Reflexartig tauchen Formulierungen auf wie: »Dann darf ich ja nicht mal mehr ...«, »Mit Druck könnt ihr bei mir sowieso nichts erreichen ...«, »Ihr wollt ja bloß nicht, dass ...«

In einer elften Klasse unterhielten wir uns über den Lebensentwurf »Kein Sex vor der Ehe«. Wir begannen mit einem kleinen Brainstorming: »Was fällt euch spontan zu dem Begriff ›Enthaltsamkeit‹ ein?«, fragte ich in die Runde. »Keuschheitsgürtel«, »Kloster«,

»Kirche« usw. kam es spontan zurück. Wollte man diese Begriffe in Farben übersetzen, dann entstünde ein ziemlich düsteres Bild in depressiven Grautönen. Keiner der Schüler kam auf den Gedanken, die Begriffe »frisch«, »unverbraucht«, »einzigartig« oder »wertvoll« zu erwähnen. Es erschien ihnen zunächst völlig abwegig, eine sympathische Beziehung zu dem Wort »Enthaltsamkeit« herzustellen.

Woran liegt das? Könnte es vielleicht damit zu tun haben, dass wir unseren Retter immer noch als Verfolger wahrnehmen? Könnte es sein, dass man über Jahre versucht hat, unser Denken nur in eine Richtung zu lenken? Warum fällt es uns so schwer, unser Vertrauen dem zu schenken, der die Sexualität geschaffen hat? Gott selbst ist der Erfinder der Sexualität. Es zeugt deshalb von ausgesprochener Naivität, sich nicht die Mühe zu machen, seinen ganzen Plan zu diesem Thema zu erfahren.

Gott selbst ist der Erfinder der Sexualität

Dieses Buch richtet sich vor allem an Teenager, die kein Interesse daran haben, sich mit oberflächlichen Antworten zum Thema Sex abspeisen zu lassen. Teenager, die sich von Gottes zeitlosem Lebensentwurf herausfordern lassen, von dem Plan eines Gottes, der aus ihnen glaubwürdige Persönlichkeiten machen will und ihr Leben radikal verändern kann.

Im Ozean der Fragen
Teenager sein ist gar nicht immer so einfach. Nicht dass es uns irgendwie schlecht ginge. Viele Wünsche können wir uns einfach so erfüllen, weil wir sie mit Geld bezahlen können: Schulbildung, ein paar Urlaubswochen im Jahr und ein gut gefüllter Kühlschrank – das ist eigentlich nicht das Problem. Nein, etwas anderes ist viel komplizierter. Unsere Umwelt ist so vielfältig und verwandelbar geworden, dass wir uns ständig entscheiden und festlegen müssen, und das in einer Zeit, in der wir uns selbst entwickeln, verändern und in der sich auch unsere Wahrnehmung ändert. Die Hormone melden sich lautstark und wir sitzen mitten in der Achterbahn der Gefühle. Erst landet der Gameboy in der Ecke – wie kindisch! –, um ihn dann doch in einem stillen Moment wieder mit Begeisterung hervorzukramen. Die Markenzeichen einer Teenagergeneration, wie die unverrückbare Zahnspange auf den Vorderzähnen und die klassische Satzeröffnung »und zwar ...« sind eben nur Beobachtungswerte.

Der Teenager selbst muss sich im Ozean der Fragen zurechtfinden.

Teenager- und Jugendzeit ist Entscheidungszeit! Ob uns das passt oder nicht. Genau deshalb bezeichnet Dr. James Dobson, USA, die Altersspanne von 16 bis 26 Jahren als die »kritische Dekade« unseres Lebens. In diesem Zeitraum stellen sich gewaltige Veränderungen ein. Viele verlassen den Tisch ihrer Eltern, gründen eine Familie und übernehmen selbst Verantwortung im Beruf. So schnell kann es gehen – das alles in nur 10 Jahren! Teenagerentscheidungen haben einen enormen Einfluss auf den weiteren Verlauf deines Lebens. Am einfachsten lässt sich das an der Frage der Berufswahl verdeutlichen. Wie gesagt, unsere Welt ist komplizierter und komplexer geworden. Berufsberater haben bestimmt nicht über Langeweile zu klagen. Wer sich über verschiedene Ausbildungen informiert, kann damit rechnen, einen dicken Wälzer mit nach Hause zu nehmen, in dem über Berufe zu lesen ist, die man vielleicht nur schwer aussprechen kann. Die Auswahl ist eben nicht nur auf Bäcker, Krankenschwester oder Feuerwehrmann begrenzt. Aber wie die Entscheidung auch ausfällt – ist sie einmal gefallen, wird es konkret. Dieser Schritt lässt sich nicht mehr so leicht rückgängig machen. Vielleicht bekommt man noch einmal die Möglichkeit, von vorne anzufangen oder umzuschulen, doch irgendwann ist man beruflich festgelegt. Die Würfel sind gefallen!

Mythos der Unverwundbarkeit!
Ähnlich ist das bei anderen Entscheidungen, die Teenager zu treffen haben. Erst sind es Kurse in der Schule, später Studiengänge, Wohnorte, Sprachen, die erlernt werden wollen, Freundschaften, die geschlossen werden, und soziale Verhaltensstrukturen, die für ein Leben lang Weichen stellen. Gerade in dieser Zeit glauben viele Teenager und Jugendliche an den Mythos der Unverwundbarkeit. Wenn etwas daneben geht, dann passiert das den anderen – mir doch nicht! Ich will jetzt meinen Spaß haben. Will leben wie es mir gefällt, es gibt nichts, was mich noch hält.

Dieser Zeitabschnitt, diese kritische Dekade, lässt sich mit der Betonierung eines Fundamentes verglechen. Irgendwann fährt der Betonmischer vor, entlädt seine rotierende Trommel und gießt den flüssigen Beton in die vorbereitete Form. Es dauert einige Stunden, dann ist der Beton knallhart. Korrekturen können danach nicht mehr so leicht vorgenommen werden. Die Masse ist erstarrt. Das ist natürlich gewollt, weshalb sich der Ingenieur im Vorfeld ausreichend Gedanken darüber gemacht hat, wie das Ganze aussehen soll. Ist der Beton fest geworden, kann es mit dem Bau weitergehen. Alles, was jetzt folgt, steht auf dieser Betonplatte.

Als Teenager legst du Grundlagen für dein weiteres Leben

Die Jahre als Teenager und Jugendlicher lassen sich hervorragend mit dem flüssigen Beton vergleichen. Hier kannst du noch Form geben, Anpassungen vornehmen, eben Entscheidungen treffen. Diese Grundlage wird dich für den Rest deines Lebens begleiten.

Du selber hast es in der Hand zu entscheiden, welche Grundlagen du für dein weiteres Leben legst. Wählst du den Chemie-Leistungskurs bloß, weil die Stunden günstiger liegen? Entscheidest du dich für den Ausbildungsplatz, bei dem du morgens am längsten ausschlafen kannst? Wenn ja, dann kann es sein, dass es später an dir nagt, dass du aus Bequemlichkeit auf die »Extrameile« verzichtet hast, spätestens dann, wenn dir dämmert, wie viel weiter du mit etwas mehr

Investition gekommen wärst. Vielleicht triffst du deine Entscheidungen aber auch klug überlegt und hast schon einige Treffer erzielt.

»Denke über deine Zukunft nach, sonst hast du keine!«
Eine Frage, die früher oder später auf dich zukommt, ist die Frage nach dem Umgang mit deiner Sexualität.

Deine persönliche Antwort auf das *wann* und *mit wem* stellt hierbei den alles entscheidenden Unterschied dar. Sie kann dazu führen, dass du Sexualität als erfüllend, verbindend und beglückend erlebst oder sie zum Ausgangspunkt andauernder Frustration, Verbitterung und Missachtung wird. Das liegt in der Natur, der Dynamik und Kraft der Sexualität begründet, denn Sexualität birgt auch eine zerstörende Kraft in sich. Sie kann dort Wunden schlagen, wo wir sie aus dem geschützten Rahmen herausreißen, für den sie geschaffen wurde.

Sex ist eine gewaltige Kraft

Eigentlich lässt sich Sexualität ganz gut mit Atomkraft vergleichen. Wenn alles läuft, dann werden Kräfte freigesetzt und Energien umgewandelt, die ganze Städte versorgen können. Die Sache grenzt schon fast an ein Wunder. Geht man leichtfertig mit dieser Kraft um und es geht hierbei etwas schief, dann ist mit einer Katastrophe von ungeahntem Ausmaß zu rechnen. Die vielen Gespräche mit Jugendlichen lassen sich in einer einfachen Wahrheit zusammenfassen: Sex ist eine gewaltige Kraft. Er ist deshalb ein ganz zentraler Punkt in unserer persönlichen Entwicklung.

Sexuelle Intimität führt zu emotionalen Bindungen, die uns für den Rest unseres Lebens prägen. Aus diesem Grund ist es ratsam, sich frühzeitig darüber Gedanken zu machen, wie dieser Bereich in meinem Leben gestaltet wird. Ein kluger Kopf formulierte einmal: »Denke über deine Zukunft nach, sonst hast du keine!« Gott hat das Kraftwerk der Sexualität in jeden Menschen hineingelegt, das macht die Sache so unheimlich persönlich. Es fällt ja oft leichter über Themen zu diskutieren, die weiter weg sind. Vielleicht engagieren wir uns leidenschaftlich für eine vom Aussterben bedrohte Baumpilzart auf den Seychellen. Ehrenwert. Doch der Themenkomplex Sexualität ist Teil unserer Persönlichkeit und verlangt deshalb auch eine konkrete Übersetzung in mein Handeln.

Hast du dir schon einmal darüber Gedanken gemacht, wodurch deine ganz persönliche Haltung zum Umgang mit Sexualität geprägt ist, einem Thema, das wirklich mehr Beachtung verdient als die letzte Media-Markt-Beilage in deiner Tageszeitung. Vielleicht hast du mit guten Freunden geplaudert, auf dem Schulhof etwas aufgeschnappt, in alten Zeitschriften geblättert oder irgendein persönliches Erlebnis gehabt. Es könnte natürlich auch sein, dass du dir noch keine intensiven Gedanken darüber gemacht hast und dir einfach sagst: »Die Sache ist jetzt noch nicht dran!«

Dir wird aufgefallen sein, dass um Anschauungen und Meinungen zum Thema Sexualität oftmals heftig gestritten wird. Am einfachsten wird das klar, wenn Personen ihre Ansicht äußern. Was würde die berühmteste Praktikantin der Welt – Monica Lewinsky – antworten, wenn sie zum Lebensentwurf »Wahre Liebe wartet« befragt würde? Wie reagiert wohl eine Ordensschwester auf das Motto »Sex erst in der Ehe«? Wenn auch die Antworten unterschiedlich ausfallen, so vertreten *doch* beide ihren Standpunkt. Entscheidend ist deshalb, welche Perspektive für dich persönlich verbindlich ist.

Gott möchte, dass du für dein Leben das Beste findest und dich nicht mit weniger zufrieden gibst. Es ist zu wenig, ständig neuen Trends hinterherzujagen und sich von Stimmungsmachern diktieren zu lassen, wie eine Beziehung auszusehen hat. Gottes Antwort zum Umgang mit Sexualität ist keine vorübergehende Modeerscheinung, sondern völlig zeitlos und deshalb auch heute brandaktuell.

Auf den nächsten Seiten sollen drei typische Eingangstüren in das Abenteuer Intimität genauer unter die Lupe genommen werden.

Drei Türen

Tür 1

Ich orientiere mich so gerne an **Vorbildern**, an Menschen, die mich irgendwie begeistern. Doch wer sind meine Vorbilder?

Tür 2

Ich tue ganz einfach das, was **meine Gefühle** mir sagen. Ist es nicht ein prickelndes Erlebnis, ausgetretene Pfade zu verlassen und sich dem Flüstern der Gefühle anzuvertrauen?

Tür 3

»Das macht man heute halt so« wird für mich Programm. Auch wenn ich in vielen anderen Fragen nicht einfach als »man« bezeichnet werden will, so reicht mir in diesem Fall der Slogan, um nicht mehr weiter nachzudenken.

zu Tür 1

Was wir von Prominenten (nicht) lernen können

Die Boulevardpresse spült immer wieder neue Gesichter an die Oberfläche. Auf Hochglanzpapier und großzügig bebildert nimmt ein Millionenpublikum Anteil an ihrem Leben. Unter Trockenhauben sitzend lässt sich erfahren, wo sie am liebsten ihren Urlaub verbringen, wie die neue Villa eingerichtet ist und was an besonderen Tagen auf den Tisch kommt. Die Rede ist von prominenten Filmstars, Musikern und Sportlern. Obwohl deren Verhältnis zur Presse oft zwiespältig ist, üben sie einen enormen Einfluss auf eine gesamte Teenager- und Jugendgeneration aus. Die verrückteste Frisur wird auf einmal salonfähig, nachdem ein Star sie bekannt gemacht hat. »Machen Sie mir bitte eine Frisur wie die von Mona Lisa«, kann der Friseur zu hören bekommen. Erfolgt der Einfluss unserer »Helden« auch nicht immer so sichtbar, wird doch das Denken und Empfinden vieler Zuschauer ganz entscheidend durch ihr Leben mitmodelliert. In oskargekrönten Filmproduktionen werden Zuschauer rund um den Globus in Traumwelten entführt. Romanzen und Tragödien werden so fesselnd dargestellt, dass nicht selten die Tränen fließen oder unsere eigene Traum- und Wunschwelt für die nächsten paar Wochen genug Stoff zur Verarbeitung erhält. Klar, genug Unterscheidung zwischen Film und Realität haben wir noch. Dass wir nach dem Abspann wieder aufstehen, nach Hause fahren, um am nächsten Tag zur Schule oder zur Arbeit zu gehen, leuchtet ein. Doch oftmals verschwimmen die scharfen Konturen in unserem Unterbewusstsein. Es kann z. B. vorkommen, dass du von einem Film begeistert erzählst und schnell noch eine Einschränkung anhängst: »Okay, die zwei Bettszenen hätte der Film nicht gebraucht. Doch da schaue ich einfach drüber weg.« Wirklich? »Dass die Frau mit dem Typen eine Affäre hatte, fand ich auch ziemlich platt, aber das ist ja nur ein Film.« Nur ein Film? Dabei dominiert aber die vielfach unausgesprochene Haltung, die uns von der Vorabendserie bis zum Kassenschlager begleitet: »Warum sollen wir mit Sex warten, wenn wir jetzt schon können?« Sex als Abenteuer, das immer und überall schnell zu haben ist. Oder wann zuletzt hast du einen wirklich starken Filmhelden erlebt, der seinem Gegenüber klar gemacht hat: »Bei mir läuft nichts, erst wird geheiratet«?

Das kann ich mir nicht leisten!

Fakt bleibt: Was wir uns ansehen, füllt und beeinflusst unser Denken. Hast du dir schon einmal die Mühe gemacht, die Medienwelt etwas genauer zu beleuchten? Wenn ja, dann wird dir aufgefallen sein, wie verlogen die lässige Vermittlung des lockeren Liebeslebens ist. Denn fast niemand hat in den Filmen für die Konsequenzen des außerehelichen Sex geradezustehen.

Doch hinter den Kulissen, im eigenen Leben, müssen junge Leute oft einen hohen Preis für genau diesen Lebensstil zahlen. Plötzlich erleben sie, dass die Eifersuchtsszene doch länger dauert als nur zwei Minuten, wenn man der Ehemaligen im Schulhof begegnet. Plötzlich wird deutlich, dass ein gebrochenes Herz sich nicht mit der nächsten Beziehung heilen lässt. Die vielleicht unerwartete Schwangerschaft löst viel größeren Wirbel aus, als man es sich am romantischen Abend noch vorstellen konnte. Kann die womöglich geforderte Abtreibung als »Lösung« des Problems bezeichnet werden, wenn sie ein Menschenleben fordert? Das gebrochene Versprechen »Wir bleiben zusammen, wenn du mir mehr von dir gibst«, klang im Film auch viel sanfter. Und immer wieder werden die Fragen gestellt: »Warum hat mir vorher keiner gesagt, dass Sex kein Vertrauen schafft, sondern zuerst einen verlässlichen Rahmen braucht?« »Warum hat mich niemand vor diesen Depressionen gewarnt, in denen ich jetzt stecke, nur weil ich tun wollte, was alle tun? Im Film sah das so viel schöner und unkomplizierter aus.«

Darin ist wahrscheinlich auch ein Grund zu finden, dass so viele prominente Schauspielerehen in die Brüche gehen. Natürlich lastet auf Prominenten auch der dauerhafte Druck prominent zu sein. Doch die Leichtigkeit, mit der ein Seitensprung auf die Leinwand gebracht wird, lässt sich in der eigenen Ehe nicht umsetzen. Die lange Liste der gescheiterten Ehen prominenter Schauspieler ist ernüchternd. Nicole Kidman, langjährige Frau des Schauspielers Tom Cruise, meinte, nachdem Cruise sie verlassen habe, sei sie aus der »Märchenwelt ihres Lebens« gerissen worden. Ein erfolgreicher deutscher Fußballstar kommentierte die Trennung von seiner Frau und drei Kindern nach 12-jähriger Ehe: »Gefühle kann man nicht steuern«. Es sei gekommen und »haut dich komplett von den Socken«. Die Reihe ließe sich um viele Beispiele ergänzen. Daran soll eine Sache klar werden: Die Traumwelt, die um diese Stars konstruiert wird und in die sie uns so oft versetzen wollen, existiert in dieser Form nicht.

Klingt ernüchternd, ist aber so. Auch wenn die Kameras ihrem Siegerlächeln folgen, blicken sie im eigenen Leben häufig auf familiäre Ruinen zurück. Niemand kann das wirklich wollen. Die Glamour- und Medienwelt, an der so viele Leute hängen, ist wie eine Seifenblase, die im Sonnenlicht bunte Farben reflektiert und zerplatzt, sobald man mit ihr in Berührung kommt.

zu Tür 2
Im Wechselbad der Gefühle

Gefühle können unser Verhalten stark beeinflussen. Das gilt für angenehme Gefühle genauso wie für negative.

Für viele ist es ein unbeschreibliches Gefühl, die Schulzeit abgeschlossen zu haben, zum letzten Mal das Schulgebäude zu verlassen, einen Blick zurückzuwerfen und dann nochmal tief durchzuatmen. Jetzt könnte man die Welt aus den Angeln heben. Was steht noch im Weg? Doch dieses fantastische Hochgefühl wird vielleicht in den nächsten Wochen schon wieder bald auf Bodenhöhe reduziert, nämlich dann, wenn du zum 18. Mal den Abschlusssatz auf einem Antwortschreiben zu lesen bekommst: »*... wir wünschen Ihnen dennoch alles Gute und viel Erfolg. Ihre Bewerbungsunterlagen erhalten Sie in der Anlage wieder zurück.*« So schön Gefühle auch sein können, so trügerisch legen sie uns auch manchmal rein.

In Freizeitparks haben sie schon viele Besucher zum Lachen gebracht – verzerrende Spiegel. Je nach Wölbung erkennt sich der Betrachter leicht verunstaltet wieder. Zum Beispiel pausbackig, rundlich, mit scheinbar 30 kg zusätzlich. In einem anderen Spiegel, schneller als durch jede Wunderdiät, sind die zusätzlichen Pfunde wieder verschwunden, dürr und abgemagert schaust du in ein eingefallenes Gesicht. Natürlich sieht der Betrachter dort sein eigenes Bild, aber nicht so, wie er wirklich ist.

Verliebtsein oder Liebe?

Auch in Beziehungen und unseren Vorstellungen kann die »Macht der Gefühle« verzerrend wirken, besonders dann, wenn sie das einzige Kriterium zum Einstieg in das Abenteuer Intimität werden. Das geschieht vor allem, wo »Verliebtsein« mit »Liebe« verwechselt wird. Oft wird von der Liebe geredet, während eigentlich nur ein Adrenalinkick, ein kurzer Gefühlsrausch gesucht wird. Natürlich gehört »Verliebtsein« dazu, doch »Liebe« ist weit mehr. Sie beweist sich nämlich gerade dann, wenn meine Gefühlswelt nicht von den berühmten Schmetterlingen im Bauch beherrscht wird. So schön das »Verliebtsein« ist, so ernüchternd ist es festzustellen, dass Gefühle sehr trügerisch sein können. Sie lassen sich schnell wecken, irritieren, blenden und sogar missbrauchen.

Liebe ist weit mehr als nur Schmetterlinge im Bauch

Eine junge Frau schrieb uns ihre Geschichte. Sie blickte auf zahlreiche Beziehungen zurück und beschrieb, dass sie nach einer gewissen Zeit ein »Beziehungsschema« entwickelte. Das funktionierte ziemlich radikal: Nach drei Monaten war Schluss mit dem Typen, danach gab es »einen Neuen«. Das tat sie, weil sie bemerkte, dass nach ca. drei Monaten die Phase der »Schwärmerei« jedes Mal abkühlte, ohne mit ihnen intim geworden zu sein. Irgendwann lud sie ein solcher Bekannter zu sich nach Hause ein. Sie saß noch in der Bibliothek, als er auf sie wartete. Obwohl sie zögerte, ging sie mit. Bei diesem abendlichen Besuch dachte sie sich: »Ich gehe mal mit. Wenn es mir zu weit geht, kann ich ja immer noch nein sagen.« An diesem Abend konnte sie es nicht. Hinterher bereute sie es bitter.

Dort, wo »Verliebtsein« die »Liebe« ersetzen soll, taucht noch ein weiteres Problem auf: Egal, wo ich bin, mein Gefühl springt ständig wieder an. Vielleicht begeistert dich die Tochter des Hausmeisters auf der Klassenfahrt nach Rimini. Auf den ersten Blick wird dir klar: Das ist sie! Nach zwei Wochen erlahmt die Lust E-Mails zu schreiben. Die Neue in der Nachbarschaft, die Kassiererin im Supermarkt, die Austauschstudentin usw. Immer wieder packt es dich: das oft besungene Gefühl der einzigen Liebe. Doch schaut man genauer hin, entlarvt es sich als allgegenwärtige Schwärmerei. Vielleicht versuchst du schon sehr lange aus diesem Kreislauf auszubrechen, es gelingt dir aber nicht und du fragst dich warum. Deine Gefühle machen längst mit dir, was sie wollen, du reagierst nur noch als »Befehlsempfänger« – verheerend, wenn sich in die Jagd nach diesem »Verliebtsein-Erlebnis« die Bereitschaft zum Sex mischt. Bestehende Grenzen werden in ungeahnter Leichtigkeit von der Macht der Gefühle niedergewalzt. Es ist die Suche nach diesem überwältigenden Gefühl, die damit verbundene Hoffnung, dass es »diesmal bestimmt halten wird«, die oftmals die Tür zur sexuellen Intimität öffnet. Sie wird als fast logische Folge erkannt, nachdem wir doch so viel füreinander empfinden. Welche Grenze soll uns jetzt noch davon abhalten, uns alles zu schenken?

Wenn die Wirkung nachlässt

Merkwürdig, wie viele Beziehungen ohne Trauschein, ohne ein Versprechen, ausschließlich aus diesem Gefühl heraus geboren werden und sehr schnell zu sexueller Intimität führen.

Warum führt dieser Start nicht zu blühenden Beziehungen, stabilen Familien und wachsendem gegenseitigen Vertrauen? Warum sind Eifersuchtsszenen, Rosenkriege und andauernde Vorwürfe so oft zu durchleben? Vielleicht, weil sich beide unter dem Einfluss des Gefühlscocktails eine Zeit lang nach Lust und Laune bedienen konnten. Schwierig wird es dann, wenn diese Wirkung nachlässt, wenn sich das »Nehmen« in »Tragen« wandelt, wir vielleicht gar nicht vorbereitet sind auf diesen Wechsel und uns lieber in Traumwelten zurückziehen.

Es geht nicht darum, Gefühle systematisch zu unterdrücken. Doch sie ungefiltert wuchern zu lassen, sie vor der Zeit zu wecken und der Laune des Augenblicks nachzuspazieren – das ist ein riskantes Spiel. Viel entspannender ist es, über der Gefühlswelt Grundsätze zu installieren, die unabhängig von der Wetterlage gelten. Folgendes Ereignis kann das verdeutlichen.

Ein Bürgermeister konnte voller Stolz ein bedeutendes Bauprojekt in seiner Amtszeit beenden. Die Stadt auf der anderen Seite des großen Flusses wurde durch eine Fußgängerbrücke zugänglich gemacht. In der ersten Euphorie kündigte man ein rauschendes Eröffnungsfest an. Die Besucher beider Städte konnten über die Brücke laufen und sich dort begegnen. Volksfeststimmung mit passender Musik und vielen Buden kam auf. Die Sache hatte nur einen Haken. In der hektischen Terminplanung wurde übersehen, dass die Geländer der Brücke noch nicht montiert waren. Die ausgelassene Stimmung verwandelte sich schnell in ängstliches, verkrampftes »In-der-Mitte-Stehen« und »Sich-nicht-rühren-Wollen«. Die Verantwortlichen der Stadt sahen ein, dass aufgrund mangelnder Sicherheit die Festlichkeiten vertagt werden mussten. Bald war die Brücke mit dem neuen Geländer begehbar, die Stimmung gut und die Menschen fühlten sich sicher. Es gab keine Angst vor ungewollten Abstürzen, denn die Begrenzung war zuverlässig. Setze an die Stelle der Menschen auf der Brücke einmal deine Gefühle und dir wird klar werden, warum sinnvolle Grenzen davor bewahren, in ungewollten Situationen zu landen.

zu Tür 3
»Das macht man halt so«

Die Bundeszentrale für gesundheitliche Aufklärung veröffentlichte auch im Jahr 2001 die Ergebnisse ihrer Repräsentativbefragung »Jugendsexualität«.

Das Durchschnittsalter für den ersten Geschlechtsverkehr beträgt demnach 14,9 (1998: 15,0) bei den Mädchen und 15,1 (1998: 15,0) bei den Jungen. Im langfristigen Trend ist dieses Durchschnittsalter gesunken. Der Trend sagt allerdings nichts über das tatsächliche Durchschnittsalter aus, in dem die Jugendlichen ihre Erfahrungen machen. Denn das Alter der Zielgruppe gibt eine mögliche Obergrenze vor und der Anteil der bis dahin unerfahrenen Jugendlichen bleibt unberücksichtigt. Dennoch wird eine Entwicklung deutlich, die für viele Teenager einen unausgesprochenen Druck mit sich bringt. Wenn »man« das so macht, dann ...

In den 60er Jahren des 20. Jahrhunderts löste sein Auftreten Empörung und Begeisterung gleichermaßen aus. Während viele Eltern den vulgären Tanz- und Musikstil brandmarkten, ließen sich Jugendliche seiner Zeit mitreißen. Es ist nicht schwer zu erraten – es geht um Elvis Presley. Ihm wurde nachgesagt, er würde mit kreisender Hüftbewegung und dem Rhythmus seiner Lieder unterdrückte Leidenschaften freisetzen. Während aus dem Autoradio im vorderen Teil die Rockmusik ertönte, hatten die Kids auf dem Rücksitz Sex zum Hard Rock-Rhythmus. Der Rücksitz führte zur sexuellen Revolution und das Autoradio wurde zum umstürzenden

Medium. Die Proteststürme gegen die neue Botschaft des »King of Rock and Roll« waren keineswegs zaghaft. So groß waren die Bedenken, dass sich ein Fernsehsender sogar zu folgender Maßnahme veranlasst sah: Ein Auftritt von Elvis wurde so zensiert, dass der Sänger nur von der Hüfte an aufwärts gezeigt werden durfte. Die gefundene Kompromissformel erlaubte es, den umstrittenen Sänger auftreten zu lassen und gleichzeitig den Sorgen der Kritiker Rechnung zu tragen.

»So hat man doch früher mal gedacht«

Erzählen wir diese Begebenheit vor Teenagern und fragen dann: »Was geht euch durch den Kopf, wenn ihr das hört?«, ist aus der Gruppe ein deutliches »lächerlich« zu hören. Fragen wir dann zurück, warum uns das heute so lächerlich erscheint, ist die Schlussfolgerung schnell gegeben: »Wir sind doch ganz andere Sachen gewohnt« und »Das sieht man doch heute überall«. Die Richtung der Antworten macht deutlich, dass sich in den letzten Jahren die öffentliche Empfindungsgrenze über das, was vertretbar erscheint, massiv verschoben hat. Was einige als Fortschritt oder Befreiung feiern, bedeutet hierbei gleichzeitig das Aufgeben und Verachten des Bewährten. Sexualität wurde losgelöst von einem verbindlichen Verständnis und immer stärker mit spontanem Erlebnischarakter ausgestattet. Diese Haltung spiegelt heutiges Denken wider und lässt sich am treffendsten so formulieren: »Was Spaß macht, ist erlaubt!« Wenn man sich jetzt überlegt, dass ein Prozess ins Rollen gebracht wurde, der Schranken und Schutzräume systematisch auflöst, dann wird eines klar: Jede Zeit vertritt ihre Ansicht, die von der kommenden Generation schon wieder als veraltet in Frage gestellt wird. Grenzbereiche werden ausgelotet, Tabus gebrochen und eine neue »Selbstverständlichkeit« herbeigeredet. Wer sich also in Fragen Partnerschaft und Umgang mit Sexualität vom Zeitgeist beraten lässt, der kann sich zweier Dinge sicher sein. Er wird einem Denken glauben, das nur von kurzer Haltbarkeit ist, und wird vermutlich von den eigenen Kindern wiederum zu hören bekommen: »Booaaaaa, bist du aber altmodisch.« Der Gedanke fällt schwer, doch es ist wahrscheinlich, dass die nächste Generation wieder eine Grenzverschiebung durchsetzt. Was uns heute noch schockiert, wird dann wohl toleriert – eine Entwicklung, von der uns niemand vorhersagen kann, wohin sie führt.

Deine Meinung: ein Massenprodukt?

Diese »Das-macht-man-halt-so«-Haltung wirkt wie ein riesiges Fließband, das den langsam fortträgt, der sich bereitwillig aufschwingt und dort nach Antworten sucht. Die Herausforderung besteht darin, eine Antwort von zeitlosem Charakter zu finden, eine Antwort, die nicht auf dem Fließband gefunden wird, sondern an einem festen Punkt, der außerhalb liegt. Genau das ist die Antwort Gottes, wie wir sie in der Bibel finden. Gottes Antwort zum Umgang mit Sexualität ist zeitlos und somit immer aktuell.

Gottes Antwort zum Umgang mit Sexualität ist zeitlos

Sie war vor 100 Jahren schon aktuell, ist es heute und wird es in 100 Jahren auch noch sein. Sie wird auch immer im Kontrast zu einem Zeitgeistdenken stehen, das schnell veraltet. Die große Chance liegt nun darin, dass wir selber wählen können, welche Maßstäbe für uns gelten.

Es wird schnell klar, dass Gottes Gedanken zur Sexualität alles andere als eine »Notlösung« sind. Im Gegenteil, wer sich ganz darauf einlässt, der kann sogar erleben, wie ein vermeintlicher Schwachpunkt zur Stärke wird – richtig gut.

Im Sinne des Erfinders

»Wahre Liebe wartet« steht für eine Idee, die genauso einfach wie revolutionär ist. In seinem Vorwort hat der Ideengeber Richard Ross über die Anfänge berichtet. Es dauerte nicht lange, dann schwappte die Bewegung auch nach Deutschland über. Im Kern geht es um das einfache Versprechen, auf außerehelichen Sex zu verzichten. Die Tatsache, dass Hunderttausende von jungen Leuten sich dazu entschlossen haben, wirkt wie ein Erdbeben in unsere Zeit. Sie setzten ihre Unterschrift unter folgendes Versprechen.

»Mit Gottes Hilfe verspreche ich ab heute vor Gott, mir selbst, meiner Familie, meinen Freunden und meinem zukünftigen Ehepartner, bis zum Tag meiner Heirat sexuell enthaltsam zu leben.«

Dabei ist zweitrangig, wie die bisherige Vergangenheit aussah. Die Initiative ist als eine Plattform zu verstehen, die lediglich sichtbar macht, was Teenagern in der ganzen Welt wichtig ist. Die intimste Gemeinschaft zwischen Mann und Frau wollen sie ausschließlich mit dem Partner erleben, dem sie ihr »Ja« für die Ehe geben.

Wie sehr dieser Gedanke aufwühlt, wird an der Bandbreite der Reaktionen deutlich. Vom Heiratsantrag bis zur Morddrohung war so ziemlich alles dabei. Die »Wahre Liebe wartet«-Idee lässt sich auf das biblische Lebenskonzept zurückführen und ist somit ganz im Sinne des Erfinders.

Was will Gott?

Eine junge Studentin meinte einmal mit triumphierendem Lächeln: »Es steht doch nirgends in der Bibel, dass man keinen Sex vor der Ehe haben soll«, um dann schnell hinterherzuschieben: »Oder?« Zugegeben, der Slogan »Wahre Liebe wartet« ist keiner Urtextübersetzung entsprungen. Doch die biblische Sicht zu Sexualität, Ehe, Treue und Partnerschaft ist glasklar. Manchmal scheint mir gerade hierin das eigentliche Problem zu liegen. Die Sache ist so klar und eindeutig, dass wir den Wald vor lauter Bäumen nicht mehr sehen. Wir merken, dass sich das Konzept Gottes nicht in einer Schublade unseres Denkens verstauen lässt. Im Gegenteil, es sprengt unsere Vorstellung und führt uns in ein völlig neues Verständnis.

Viele Leute bleiben, wie ein übergewichtiger Fußballfan im Unterhemd vor dem Fernseher sitzend, immer in einer Beobachterrolle. Sie kommentieren, kritisieren und polemisieren, ohne jemals in die Nähe des Spielfeldes zu gelangen oder gar selbst am Ball zu sein. Sie wissen genau, wo die Fehler liegen, allerdings erst hinterher. Ihre taktischen Anweisungen werden nicht gehört, weshalb sie auch bei Misserfolgen keiner zur Rechenschaft ziehen kann. Irgendwie bequem und frustrierend zugleich, nur Zuschauer zu sein.

Vom Zuschauer zum Mitspieler

Was unser Leben mit Gott betrifft, so besteht die große Herausforderung darin, vom Zuschauer zum Mitspieler zu werden. Um zu diesem neuen Verständnis zu gelangen, ist zuerst ein Umdenken, eine Sinnesänderung nötig. Ich lasse mich also auf einen Perspektivenwechsel ein, um die guten Gedanken Gottes nachvollziehen zu können. Solange ich diesen Schritt nicht getan habe, bleibe ich ein unbeteiligter Beobachter. Wird diese Lücke nicht geschlossen, bleibt sie ständiger Ausgangspunkt von Frustration und Vorwürfen. Gottes Gebot wird deshalb nicht selten nur als ein Anspruch empfunden, dem ich nicht gerecht werden kann. Gott wird auf ein paar Prinzipien des guten Umgangs redu-

Gottes Kraftquelle lässt mich mein hohes Ziel erreichen

ziert. Ein kapitaler Fehler. Denn Gott ist nicht nur Prinzip, Gott ist auch Kraft. Derselbe Gott, der mich zu einem hohen Ziel motiviert, ist auch die Kraftquelle, die mich dieses Ziel erreichen lässt. Solange wir Gott nur als Prinzip, Moral oder Regelwerk kennen lernen, fehlt uns die Erfahrung seiner motivierenden Dynamik.

Es ist die Begegnung mit Gott, die mich erleben lässt, dass er Kraft ist. Somit leuchtet auch ein, warum gerade biblische Leitlinien im Bereich der Sexualität oftmals scharfzüngig torpediert werden, besonders dann, wenn wir davon reden, ohne die Kraft Gottes zu kennen. Und dann ist natürlich Sand im Getriebe.

Doch genau darum geht es, wenn wir von Gottes genialer Idee, der Erfindung der Sexualität, sprechen. Wage ich den Schritt zum Perspektivenwechsel, ja sogar zum Prioritätenwechsel? Sinnesänderung bedeutet absolutes Aufgeben der eigenen Ideale und die bedingungslose Hinwendung zu Gott. Hierin liegt der Zugang zum eigentlichen Verständnis des göttlichen Plans. Wo das nicht geschieht, werden wir Gottes Leitlinien immer als Verhandlungsmasse wahrnehmen, was dann folgendermaßen klingt: »Okay, diesen Punkt kann ich nachvollziehen – klingt vernünftig –, aber in dieser Sache hat Gott mir überhaupt nichts zu sagen.« Wenige würden das so unverblümt formulieren, dazu sind wir zu höflich. Doch unser Verhalten tendiert sehr oft in diese Richtung.

Verpasste Gelegenheit

Ein junger Mann fällt vor Jesus auf die Knie. Er lebte ein außerordentlich gutes Leben und suchte nach einer Antwort auf eine existenzielle Frage: »Wie bekomme ich ewiges Leben?« Zunächst erwähnt Jesus die Gebote, die dem jungen Mann gut bekannt sind; seit seiner Kindheit hat er diese nämlich gehalten. Das konnte er ganz ehrlich sagen. Als Jesus von dieser Aufrichtigkeit hört, empfindet er eine besondere Liebe zu ihm. Doch dann gerät das Gespräch an einen Punkt, womit der Junge wohl nicht gerechnet hat. Jesus kennt unsere Herzen und Gedanken. Er spricht ihn auf seinen Reichtum an und legt damit den Finger auf seinen wunden Punkt. Offensichtlich hängt sein Herz unzertrennlich an dem, was er sich so angesammelt hat. Jesus lädt ihn ein ihm nachzufolgen und sagt, dass die Antwort auf seine Frage in einem Punkt zu finden ist: »Verkaufe alles, was du hast, und gib das Geld den Armen, dann wirst du einen Schatz im Himmel haben.« Ein gewaltiger Kampf entbrennt in ihm: »Ist das wirklich die Antwort auf meine Frage? So hat mir das noch niemand gesagt.« »Warum soll es so viel kosten, geht es denn nicht günstiger?« Jesus richtet seinen Blick auf ein gigantisches Geschenk, das ihn in der Zukunft erwartet. Jetzt steht dieser Jugendliche vor der Wahl, seine eigene Perspektive aufzugeben und Gottes Perspektive anzunehmen. Das spielt sich alles in wenigen Minuten ab. Scheinbar ist dieser Jugendliche bis ins Mark getroffen, als er zur Trennung von seinem Reichtum aufgefordert wird. Doch an diesem Punkt des Gespräches »verdüsterte sich das Gesicht des Mannes«. Er hält an seiner Sicht fest und geht dann »traurig fort, denn er war sehr reich«.

Mut zum Perspektivenwechsel

Leider ist diese Geschichte kein Einzelfall. Nur wenige Leute sind bereit, einen so radikalen Perspektivenwechsel in ihrem Leben umzusetzen. Sie wenden sich von Jesus ab, bleiben womöglich noch in der frommen Szene aktiv und sind traurig. Eine bedrückende Traurigkeit. Es ist die Trauer, die mich packt, weil ich den Schritt nicht gewagt habe, den Gott mir persönlich eröffnet hat.

Jesus rief ihm nicht hinterher: »Halt, es reicht, wenn du nur die Hälfte verkaufst. Komme doch bitte wieder zurück.« Es passt nur schwer in unser Denken und unsere Zeit, doch Gottes Gebot lässt sich nicht auf eine Kompromissformel mit unserer eigenen Perspektive zusammenstutzen. An dieser Begegnung wird auch deutlich, dass nur der, der bereit ist, seine eigenen Meinungen und Ansichten aufzugeben, Gott folgen kann. Ihm zu folgen verlangt Mut zum Handeln.

Wenn ich diese Geschichte aus Markus 10,17-21 lese, dann denke ich an viele junge Leute, denen die Bibel sehr wertvoll ist. Noch bevor das Dauerbrennerthema »Sexualität« konkret wird, stehen sie für große Ideale ein. Doch dann bröckelt ihre Eindeutigkeit. Nicht selten enden sie in der gleichen Traurigkeit, in der sich der junge Mann von Jesus wandte. Der Perspektivenwechsel hat nur in den Grenzen meiner Meinung stattgefunden. Das gilt natürlich nicht nur für das große Thema Sexualität, doch gerade dort werden biblische Leitlinien immer öfter als lästige Einschränkung verworfen.

Doch wer den Schritt zum Perspektivenwechsel ganz wagt, dem eröffnet sich eine ungeahnte Schönheit.

So ist Gott

Was ist der Unterschied zwischen Volkswagen und Gott? Es wird wohl mehrere geben. Aber den beeindruckendsten möchte ich nennen: Gott »fertigt« nur Unikate! Bei ihm läuft nichts in Massenfertigung vom Fließband. So wie du aussiehst, lachst, weinst und fühlst, so hat Gott nur dich erdacht. Einzigartig. Du bist keine Kopie und genauso wenig das Ergebnis einer lange diskutierten Kostenoptimierung. Gottes Größe und Kreativität spiegelt sich nicht nur in dir, sondern auch in der Natur wider. Seine Liebe zum Detail lässt uns einfach nur staunen.

Keiner kennt uns so gut wie unser Schöpfer. Er weiß, wo unsere Schwächen liegen, was uns glücklich macht und was für uns am besten ist. In derselben Perfektion, in der Gott uns erschaffen hat, hat er uns seine Leitlinien anvertraut. Diese schließen auch unseren Umgang mit der Sexualität mit ein.

Atemberaubend –
Eine Wohnung für Gottes Geist werden

Zuerst zeigt uns die Bibel, dass unser Körper ein Tempel des Heiligen Geistes ist, den Gott selbst uns anvertraut hat (1. Kor. 6,19). Das ist doch ein atemberaubender Gedanke: Wir sollen eine »Wohnung für Gottes Geist« sein! Geben wir seinem Geist Raum und nehmen diese hohe Berufung ernst, dann entfaltet er seine Natur in uns, so wie der Duft eines gut riechenden Parfüms einen ganzen Raum erfüllt. Die Bibel bezeichnet das als einen Prozess, durch den Eigenschaften in uns hervortreten, die wie Früchte reifen. Neben vielen anderen Früchten wie der Liebe, Freude, Geduld, Güte, Treue usw. nennt die Bibel auch die Keuschheit. »Keuschheit« beschreibt hier die Fähigkeit, selbstbeherrscht zu leben. Dieses Verhalten ist also eine Eigenschaft, die ganz natürlich aus der gelebten Beziehung zu Gott heranreift.

Als der junge Timotheus vor der gewaltigen Aufgabe steht, in die Mitarbeit der Gemeinde zu treten, ruft ihn Paulus dazu auf, den Christen in folgenden Bereichen vorbildlich zu begegnen: in Liebe, Glaube und Keuschheit. Gemeint ist hierbei eine Keuschheit, die Unreinheit in Gedanken und Verhalten ausschließt. Timotheus sollte eben nicht seine von Gott anvertrauten Aufgaben mit unreinen Gedanken vermischen. Damit verleiht die Bibel diesen Eigenschaften eine herausragende Stellung. Sie sind zweifellos keine Randerscheinungen im Leben mit Gott, sondern ihre Umsetzung entwickelt tragende Funktion für verschiedene Aufgaben.

Die ungeöffnete Pralinenschachtel

Wenn in der Bibel von intimem Kontakt zwischen Mann und Frau die Rede ist, dann geschieht das mit sehr viel Respekt. Eigentlich bleibt das Thema wie unter einem Schleier der Achtung verhüllt. Das ist ein ganz gravierender Unterschied zum heute weit verbreiteten Denken, in dem sexuelle Unberührtheit oft wie unnötiger Ballast über Bord geworfen wird. Mit dem gleichen Respekt stattet Gott die voreheliche Unberührtheit aus und bestätigt eigentlich nur das, was wir selber so oft empfinden. Oder kennt ihr jemanden, der im Supermarkt eine Packung Pralinen auswählt, die seitlich schon aufgerissen ist und an der ein anderer mal genascht hat? Der Käufer will sich einfach sicher sein – ich bin der Erste, der die Packung öffnet.

Doch unter dem Schlagwort »Freiheit« wurde dieser Gedanke schrittweise in die dunkle Ecke der Prüderie und Verklemmtheit gedrängt.

Genutzt hat die Abschaffung des Bewährten vor allem einigen Männern, die sich jetzt nehmen können, was sie schon immer wollten: Sex, ohne die Verantwortung eine Ehe einzugehen. Also, kräftig mitgemischt! Ein ehemals intimes Ereignis, das wie ein Geheimnis unter Freunden behandelt wurde, wird jetzt mit aller Macht ins Rampenlicht gezerrt. Ergebnis: Enttäuschung und Langeweile.

Das Geheimnisvolle am Geheimnis

Das Geheimnis »Sexualität« ähnelt einem dichten skandinavischen Wald. Hier ist ständig Neues zu entdecken, unerforschte Winkel, neue Eindrücke – eben Geheimnisse. Dieser Wald musste großen Planierraupen weichen. Wo einmal das Geheimnis zu Hause war, verläuft jetzt eine sechsspurige Autobahn. Alles aus Beton, flach in den Horizont versinkend, ein Eldorado für Tempobegeisterte.

Wo sexuelle Reize dann auch noch dem Kommerz unterworfen werden, findet gleichzeitig eine Entwertung der Sexualität statt. Dass das Geschäft scheinbar gut läuft, beweisen seit vielen Jahren die Werbung und Internetangebote, die sich kühl dieser »Hinguckeffekte« bedienen.

Zurück zum biblischen Ansatz von Respekt und Achtung, der nicht gleichzusetzen ist mit Prüderie oder einer überholten Seerosenromantik. Respekt leitet sich vielmehr aus der Dimension der Sexualität ab, wie Gott sie geschaffen hat. Die intimste Gemeinschaft zwischen Mann und Frau bezeichnet die Bibel als »ein Fleisch werden«, es ist auch vom »erkennen« die Rede. Dem Schritt geht das öffentliche Versprechen der beiden zueinander voran sowie die Abnabelung vom Elternhaus (1. Mose 2,24): »*Darum wird ein Mann seinen Vater und seine Mutter verlassen und seiner Frau anhangen, und sie werden ein Fleisch sein.*« Im Hebräischen ist für »anhangen« ein Ausdruck verwendet, der buchstäblich mit »ankleben« übersetzt werden kann. Sex funktioniert wie ein unsichtbarer Superkleber, der sich eben nicht einfach mal austesten lässt. Diese feste, bleibende Verbundenheit bildet jetzt die Lebensbrücke mit Schutzrahmen, in dem sich die intimste Gemeinschaft zwischen Mann und Frau entfalten kann. Deshalb lässt sich der Ehebund auch mit dem Ausdruck »*auf ewig eins*« beschreiben.

Die tätowierte Seele

Die sexuelle Gemeinschaft ist weit mehr als die Begegnung zweier Körper. Sie führt zu Bindungen auf körperlicher, emotionaler und geistlicher Ebene. Eindrücke, die sich einbrennen und dich nicht mehr loslassen. Man könnte sie vergleichen mit einer Tätowierung in der Seele.

Im Jahr 2000 gab sich das Paar in Las Vegas das Ja-Wort: die Schauspielerin Angelina Jolie, sie spielte Lara Croft in der gleichnamigen Verfilmung, und Billy Bob Thornton. Den Oberarm der Schauspielerin ziert seither eine große Tätowierung mit dem Namen ihres Mannes. Im Juni 2002 ging die Ehe der Lara-Croft-Darstellerin und ihres 20 Jahre älteren Mannes in die Brüche. Dass Scheiden wehtut, wird die US-Schauspielerin am eigenen Leib erfahren müssen. Sie möchte sich nämlich die Namenstätowierung wieder entfernen lassen. Damit wäre sie nicht die Erste, die auf diesem Weg versucht, die Spuren ihrer Vergangenheit zu beseitigen. Ein weit verbreitetes Problem. Wenn es sich auch nicht um sichtbare Tätowierungen handelt, so sind es doch bleibende Erinnerungen, eingebrannte Bilder früherer Beziehungen, die uns nicht mehr verlassen wollen.

»Von heute auf morgen war sie weg«

Es ist schon einige Jahre her, als ich bei einer Jugendgruppe zu Gast war und über »Wahre Liebe wartet« sprach. Im Anschluss stand der örtliche Jugendleiter auf und erzählte in unverblümter Ehrlichkeit aus seinem eigenen Leben. Sein Bericht bestätigte erneut, dass Erfahrungen auf diesem Gebiet sich nicht einfach wegpusten lassen. Der Jugendleiter erzählte von seiner ersten Freundin, mit der er auch schlief. Im Rückblick beschrieb er die Zeit mit dieser Frau, die er ohnehin heiraten wollte, als aufregend, aber nicht wirklich erfüllend. Dann war sie von heute auf morgen weg. Sie wollte ihren ersten Freund nicht heiraten, aus Angst etwas im Leben zu verpassen. Für ihn brach eine Welt zusammen. Das vermeintliche Traumpaar ging getrennte Wege.

Er erzählte: »Ein halbes Jahr lang fiel ich in Depressionen und habe jeden Tag geheult, bis ich keine Tränen mehr hatte. Ich war tief enttäuscht, mein Vertrauen umsonst investiert zu haben, denn gerade die Sexualität gehörte für mich in eine lebenslange Beziehung. Ich fühlte mich schuldig und brauchte Zeit, um das mit Gott zu klären. Aber damit war das Kapitel noch lange nicht abgeschlossen. Zwei Jahre später habe ich geheiratet. Von Anfang an brach in meinen Träumen, auch in Wachträumen, die Erinnerung an meine erste Beziehung brutal auf. Immer wieder wachte ich morgens schweißgebadet auf und wusste nicht, mit wem ich verheiratet war, obwohl meine Ehefrau, die ich von

Herzen liebe, friedlich neben mir schlief. Das Schlimmste war, dass ich mich vor meiner Frau fürchterlich schämte, weil ich nicht wusste, mit wem ich eigentlich lieber verheiratet sein wollte. Offensichtlich hatte ich in meiner ersten Beziehung tatsächlich das getan, was man so positiv besetzt: mein Herz verschenkt. Jetzt musste ich schmerzhaft erfahren, dass mein Herz nicht mehr komplett war und ich meine Ehefrau nicht mehr wirklich ungeteilt lieben konnte. Ich hätte liebend gerne die Taste »Entfernen meines Gehirn-Computers« gedrückt. Aber es dauerte mehr als fünf Jahre, in denen ich Gott anflehte meine Erinnerungs- und Gefühlswelt zu heilen, bis meine Liebe ungeteilt meiner Ehefrau gehörte.« Hier sprach einer, der das Problem der tätowierten Seele kennt. Sexualität ist also nicht nur Abenteuer, sondern auch eine Kraft, die zweifelsfrei nach einem Rahmen verlangt. Gottes Wort fordert uns deshalb dazu auf, »*nicht in zügelloser Begierde zu leben wie jene Menschen, die Gott nicht kennen*« (1. Thess. 4,5), sondern der hohen Berufung Gottes zu folgen und so zu leben, dass wir Gott Ehre machen. Denn wer das verachtet, der lehnt damit nicht menschlich erdachte Regeln ab, sondern er lehnt Gott ab, der uns seinen Heiligen Geist geschenkt hat (1. Thess. 4,8).

Ehe – nur ein Stück Papier?

Die Kirche ist gefüllt bis auf den letzten Platz. Alle Augen folgen der Braut, die ihrem Bräutigam entgegengeht. Beiden ist klar, in wenigen Minuten ist es so weit. »Lebenslänglich« – vor Gott und diesen Zeugen sagen wir uneingeschränkt »ja« zueinander. Und das nicht nur für die »guten Tage«, sondern auch für die, in denen der Partner gerade nicht im besten Licht erscheint. Aus zwei Leben wird ein gemeinsames Leben, das sich wie eine zarte Pflanze entwickeln kann.

Dass die Ehe mehr ist als ein Stück Papier und dass ihre Folgen viel weit reichender sind als ein Wechsel in der Steuerklasse, das macht auch die Bibel durch zahlreiche Aussagen klar.

Wer sein Wohnhaus mit einer Alarmanlage ausstattet und weiträumig umzäunt, der tut das nicht zur Verzierung. Der möchte sich vor ungebetenen Gästen schützen und will frühzeitig gewarnt werden, um eingreifen zu können. Auch in der Bibel genießt der Ehebund zwischen Mann und Frau Gottes besonderen Schutz. Im sechsten Gebot legt die Bibel fest, dass die Ehe nicht gebrochen werden soll (2. Mose 20,14). Der unwiderrufliche Charakter der Ehe wird auch an einer anderen Stelle deutlich, in der steht: »*Was nun Gott zusammengefügt hat, das soll der Mensch nicht scheiden*« (Mt. 19,6). Der Wunsch nach Treue und Verlässlichkeit entsteht nicht erst nach komplizierter Überzeugungsarbeit, im Gegenteil, er ist tief in uns bereits vorhanden. Die Bibel warnt ausdrücklich davor, die Ehe zu brechen, denn Chaos und Zerstörung von ungeahntem Ausmaß wären die Folge. Nur wer sich selbst vernichten will, der tut das (Spr. 6,32-33). Eine drastische Sprache, die uns ganz ungeschminkt vor Augen stellt, mit welchen Konsequenzen wir zu rechnen haben. Die Bibel ist ein ehrliches Buch.

Als Gott den Menschen – mit seiner Sexualität – schuf, sprach er: »Es ist sehr gut« (1. Mose 1,31). Aus dem Schöpfungsbericht geht hervor, dass Sexualität nicht nur zur Unterhaltung erdacht wurde, sondern auch soziale Konsequenzen mit sich bringt. Sie führt zu einer einzigartigen Einheit zwischen Mann und Frau und bringt neues Leben hervor (1. Mose 1,28). Gelebte Sexualität, die Gottes Leitlinien respektiert, ist erfüllend. Gott schuf sie, damit sie gegenseitige Freude bereitet, emotionale Zufriedenheit bedeutet, psychisch erfüllt und geistlich bedeutsam ist. Diese Dimension soll sich in dem Schutzrahmen entfalten, den Gott der Sexualität gegeben hat – der Ehe zwischen Mann und Frau.

»Treu sein müsste man können ...«

Zu Gast in einer Schulklasse fragten wir die Schüler: »Welche Charaktereigenschaften soll der Partner haben, mit dem ihr euer Leben verbringen möchtet?« Die Antwort kam prompt: »Treue«. Eine offenbar hoch geschätzte Eigenschaft, die keineswegs als überholt gilt. Dieser Wunsch ist nachvollziehbar, denn wer möchte schon gerne einen Ehepartner, der sich seiner Untreue rühmt? Ehe verlangt Vorbereitung. Das rauschende Hochzeitsfest, der Verwandtschaftsbesuch, die Geschenke und der Ring am Finger machen dich nämlich nicht zu einem anderen Menschen. Du bleibst, wer du bist. Natürlich wünschen

Sexuelle Selbstbeherrschung vor der Ehe gibt einen enormen inneren Reifeschub

wir uns viele gute Eigenschaften des Gegenübers, doch die eigentliche Herausforderung besteht darin, diesen »Wunschzettel« zuerst auf mein eigenes Leben anzuwenden. Habe ich denn gelernt treu zu sein? Es ist sehr unwahrscheinlich, dass ich meinem Ehepartner treu bleibe, wenn ich Treue nicht schon lerne, bevor ich ihn oder sie kenne. Spannungen aushalten können und sich eben nicht von der Lust manövrieren lassen, das prägt den Charakter und schafft Persönlichkeit.

Ähnliches erlebt man in Prüfungszeiten, zum Beispiel in der Vorbereitung auf das Abitur. Die Wochen vor der Prüfung sind mit weniger Freizeit, aber mehr Lernen, Wiederholen und Abfragen gefüllt. Diese für einige sehr stressige Zeitspanne wird durchgezogen, weil ich mein Abitur erfolgreich abschließen möchte. Wer dran bleibt, der freut sich hinterher, nicht aufgegeben zu haben, als Einsatz verlangt wurde.

Jungfrau bleiben – auch als Mann!

Die intime Gemeinschaft zwischen Mann und Frau behält die Bibel ausschließlich der Ehe vor. In 5. Mose 22 wird deutlich, wie sehr sich Gott über Jungfräulichkeit freut. Interessanterweise ist das griechische Wort für Jungfrau, »parthenos«, grammatikalisch maskulin. Wer deshalb »Jungfräulichkeit« nur von der Frau, nicht aber vom Mann erwartet, der hat etwas grundsätzlich missverstanden. Der Gedanke, dass »wahre Liebe wartet«, ist nicht neu. Schon Paulus schreibt im übertragenen Sinn an die Christen in Korinth: *»Als Jungfrau habe ich euch dem einen Bräutigam, Christus, versprochen.«* An einer anderen Stelle schreibt er: *»Doch wenn* *sie nicht enthaltsam leben können, sollen sie heiraten.*« Hierin ist wieder eine eindeutige Zuordnung des intimen Verhältnisses zu erkennen (1. Kor. 7,9). In der Ehe sieht die Bibel sogar noch weit mehr als nur Schutzrahmen zu sein. An ihr soll durch das Verhältnis von Mann und Frau die Beziehung von Gott zu seiner Gemeinde widergespiegelt werden (Eph. 5). Gottes Charakter ist Treue.

Die Ehe ist zweifelsfrei als eine hohe Berufung zu erkennen. Heirat ist somit kein Lotteriespiel und will gut überlegt sein.

Es ist kein Geheimnis, dass die Zweisamkeit besonderen Belastungsproben ausgesetzt ist. Viele Ehen und noch mehr Beziehungen ohne Trauschein gehen in die Brüche. Ein Drama, das oftmals weit mehr Opfer fordert als »nur« das Paar. Das gemeinsame »Warten bis zur Ehe« darf lediglich als Grundlage für eine gelingende Ehe angesehen werden. In der Ehe gilt es, auf diese Grundlage aufbauend, sich wieder neuen Fragen zu stellen.

Dirk und Daniela haben beide bei »Wahre Liebe wartet« mitgemacht. Kurz nach ihrer Hochzeit musste Dirk für einige Monate in einer ca. 500 km entfernten Stadt arbeiten. Die junge Ehe wurde zu einer Wochenend-Ehe, da Daniela selbst berufliche Verpflichtungen vor Ort hatte. Der Zeitraum war zwar überschaubar, dennoch waren sechs Monate mehr als ein kurzes Intermezzo. Im Anschluss an diese Zeit wurde Dirk von einem Freund beiseite genommen: »Hast du dir nie darüber Gedanken gemacht, dass deine Frau vielleicht mit einem anderen ..., während du so weit weg bist ...?« Dieser Gedanke war Dirk völlig fremd. Er besprach diesen Kommentar mit seiner Frau. Auch sie meinte, dass sie an so etwas wirklich nie gedacht habe. Erst jetzt wurde beiden klar, welchen Reichtum ihre junge Ehe in sich trägt. Sie schenkten sich gegenseitiges Vertrauen über die weite Distanz, weil sie sich treu waren, bevor sie sich kannten.

Die 10.000-Euro-Uhr

Stell dir vor, deine Lieblingstante schenkt dir zur bestandenen Führerscheinprüfung eine 10.000-Euro-Uhr. Obwohl man es dem guten Stück nicht auf den ersten Blick ansieht, kennst du ihren Wert, trägst sie zu speziellen Anlässen, passt besonders gut darauf auf und es ist dir nicht unangenehm, auf das Geschenk angesprochen zu werden. Die Uhr bekommt ihren besonderen Platz und Schutz. Die Pflege erscheint dir alles andere als lästig, im Gegenteil. Du siehst in dieser Uhr einen unschätzbaren Wert. Wäre es nur eine 2-Euro-Uhr, würde es nicht besonders wehtun, sie irgendwo zu vergessen. Bei dem teuren Geschenk jedoch wäre ein Verlust undenkbar! Ähnlich verhält es sich mit der sexuellen Unberührtheit in unserem Leben. Es fällt viel leichter, diese Reinheit zu schützen, sobald ich ihren eigentlichen Wert erkenne. Gottes Wort sieht in ihr einen unschätzbaren Wert. Deutlich wird das immer wieder an dem konsequenten Verhalten, das die Bibel zum Schutz dieser Reinheit fordert. Ist mir dagegen das Warten eher lästig, schlägt mein Verhalten in das Gegenteil um. Ich gebe mich her, meine, mich ausleben zu müssen und zeige damit, wie gering meine Vorstellung der eigenen Würde ist. An die Stelle der Entschlossenheit tritt dann nicht selten der Wunsch, sich anzupassen, aufzugeben und treiben zu lassen.

»Ich liebe dich« – »Wie meinst du das?«

Es ist abenteuerlich zu sehen, mit welch unterschiedlichen Inhalten die drei-Wörter-Formel »*Ich liebe dich*« gefüllt werden kann. Manch eine Übersetzung müsste ehrlicherweise lauten: »Ich will dich, will deinen Körper – mehr nicht.« Doch wenn Gott von Liebe spricht, dann stellt das nicht nur jedes lockere Geschwätz in den Schatten, sondern lässt eine Tiefe erkennen, die uns einfach sprachlos macht. Einer der bekanntesten Bibelverse steht im Johannesevangelium: *»Denn Gott hat die Welt so sehr geliebt, dass er seinen einzigen Sohn hingab, damit jeder, der an ihn glaubt, nicht verloren geht, sondern das ewige Leben hat.«* (Joh. 3,16) Gottes Ausdruck von Liebe bestand darin, sich das Beste vom Herz zu reißen. Für uns. Ein Opfer, das nicht in leeren Versprechungen endete.

Wer von Liebe spricht, sollte sich dessen bewusst sein: Suche ich meinen Vorteil oder den des anderen? Reicht meine Liebe so weit, dass ich auch verzichten kann? Hieran wird der größte Unterschied zur Lust deutlich. Sie ist angetrieben von einem Verlangen, das die eigene Befriedigung fordert. Geduld ist ihr fremd, Drängen und »mehr wollen« liegt in ihrer Natur.

Menschen kennen ganz verschiedene Arten, um auf erfinderische Weise das unbeschreibliche Bekenntnis zu illustrieren: Ich liebe dich!!! Vielleicht schenken sie Blumen, frisch gepflückte Kokosnüsse oder besprühen eine Autobahnbrücke. Aber wie zeigt man Gott: »Ich liebe dich«?

Die Bibel macht klar, das sich das nicht in erster Linie in einem schönen Gefühl zeigt, sondern beantwortet diese Frage so: *»Wenn ihr mich liebt, werdet ihr meine Gebote halten.«* (Joh. 14,15) Liebe ist die beste Motivation, nach Gottes Willen zu fragen. Nun gibt es immer wieder Momente, in denen diese Liebe einer besonderen Bewährungsprobe unterzogen wird, und zwar dann, wenn ein spezieller unsichtbarer Magnet alles in uns zu sich ziehen will. Der Magnet Versuchung. Plötzlich verschwindet die einstige Klarheit im Nebel des Gefühlschaos. Längst habe ich vergessen, dass der Köder nicht in der Falle liegt, um mich zu sättigen, sondern nur Mittel zum Zweck ist. Die Bibel erklärt dazu, dass es nicht Gott ist, der uns versucht, sondern unsere eigene Lust (Jak. 1,13-17). Geben wir ihr Raum und lassen sie wuchern, führt sie uns in Sünde hinein, was dann den Kontakt zu Gott unterbricht. Seinen Ursprung hat dieses Dilemma oft in einer verregneten Stimmung, in Unzufriedenheit und Selbstmitleid: »Nur

Liebe war das Motiv für das größte Opfer aller Zeiten

mir geht es so mies ...« Häufig führt das zur Verzerrung einer Sache, die eigentlich nicht schlecht ist, doch falsch eingesetzt uns schadet. Aus »trinken« kann ein »Besäufnis«, aus »essen« kann »Fresserei« werden und »Sexualität« kann zu »ungezügelter Leidenschaft« entarten.

Versuchung schleicht sich an

Was mit einem leisen Verlangen beginnt, fordert immer mehr von dir, bis es zu einer schier unstillbaren Sehnsucht wird. Dann kommst du schließlich zu dem Punkt, an dem du glaubst: »Die Sache gibt mir, was ich brauche.« Wenn dein Wille schon überzeugt ist, wird das Ganze aus allen Richtungen begutachtet. Um in der Sprache der Bibel zu bleiben: *»Wer seinen Begierden nachgibt, sündigt, und die vollzogene Sünde führt zum Tod.«* (Jak. 1,15) Die Tat, die einmal so weit entfernt schien, ist begangen.

Mein Brief an Gott

Mit Briefen ist das so eine Sache. Manch einen zieht es neugierig und erwartungsvoll zum Briefkasten, um zu erfahren: »Hat mir mal wieder jemand geschrieben?« Doch um selber etwas auf Papier zu bringen, ist manchmal ein kleiner innerlicher »Ruck« nötig. Wer einen Brief öffnet, wird schnell erkennen, wie persönlich oder unpersönlich die Zeilen sind. Ist es mal wieder die Ankündigung eines riesigen Lotteriegewinns, ein Schreiben von der Stadtverwaltung oder sind es ganz persönliche Zeilen? Worte eines Menschen, der mir sehr viel bedeutet, der sich Zeit genommen hat und sich Gedanken darüber gemacht hat, wie er mir schreibt. Was er schreibt.

Gott liest unser Leben als Brief an ihn. Jeder Tag ist eine Zeile. Ein junger Mann schrieb ihm einen gigantischen Liebesbrief. Von seinen Brüdern wurde er verstoßen und war nun schon seit einiger Zeit hier als Fremder im Land zu Gast. Man kann nicht gerade von idealen Familienverhältnissen sprechen, doch Josef war ein geschickter Arbeiter. Weil es beruflich gut lief, wurde er befördert. Bis der Berufsalltag von einem ungewöhnlichen Ereignis erschüttert wurde. Die Frau seines Chefs hatte Gefallen an dem gut aussehenden jungen Mann gefunden. Sie versuchte schon seit längerer Zeit, durch eindeutige Zweideutigkeiten seine Aufmerksamkeit auf sich zu richten. Die Blicke, die sie ihm zuwarf, verlangten nach keiner weiteren Interpretation. Gerne positionierte sie sich mit hauchdünnem Rock vor der sonnendurchfluteten Eingangstür und suchte das Gespräch mit ihm. Warum war er so standhaft? Mal zwängte sie sich in ein knallenges T-Shirt, mal bückte sie sich mit tiefem Ausschnitt in seinem Sichtfeld. Was bei anderen Männern längst den ersehnten Erfolg gebracht hätte, das funktionierte bei diesem Josef einfach nicht. Es muss sie rasend gemacht haben. »Warum ist er so hartnäckig? Was hält er von sich, mich so zu verachten?«, wird sie sich gefragt haben. Dann kam der Tag, an dem die Frau seines Chefs ihr Verlangen unmissverständlich auf den Punkt brachte: »Josef, schlafe mit mir!« Josefs Reaktion in dieser schwierigen Lage war eindeutig. Für ihn hätte es bedeutet, ein Tabu zu brechen. Aus Liebe zu Gott und seinem Gebot antwortete er: *»Wie könnte ich denn ein solch großes Übel tun und gegen Gott sündigen.«* (1. Mose 39,9) Das reichte dieser Frau nicht. Sie bedrängte ihn täglich, wollte seinen Körper. Sie war von einer Lust gepackt, die Josefs Empfindungen völlig ignorierte. Es ging so weit, dass Josef schließlich wegrannte, um vor dieser Frau sicher zu sein. Jahre später war er mit einer anderen Frau glücklich verheiratet und Gott schenkte ihnen zwei Söhne. Er war froh, damals so entschlossen reagiert zu haben.

Versuchungen gibt es nicht nur in ägyptischen Büros, sie durchkreuzen unseren Weg immer wieder. Gerade in unserer sexualisierten Umgebung bietet sich eine Vielzahl an Möglichkeiten, Gott unsere Liebe zu ihm neu zu beweisen, genau wie Josef es tat. Aus Respekt vor Gott, meinen Freunden und mir selbst werde ich die gesteckte Linie einfach nicht überschreiten. Niemand hat behauptet, dass dies immer einfach ist. Im Gegenteil, es erfordert hellwaches Handeln und ganzen Einsatz.

Die Reaktion Josefs gibt uns Tipps für die richtige Überlebensstrategie in brenzligen Situationen:

7 Tipps von Josef

Tipp 1

Josef **setzte sich der Versuchung nicht selber aus.** Die Versuchung trat in sein Umfeld. Das klingt vielleicht ein bisschen nach Haarspalterei, ist aber nicht unwesentlich. Ich kann mich zum Beispiel, wenn ich müde von der Arbeit oder Schule nach Hause komme, erst einmal auf die Couch legen. Der Griff zur Fernbedienung des Fernsehapparats läuft dort schon reflexartig ab. In halbwachem Zustand zappe ich durch die Kanäle und bleibe an manchem hängen, was eventuell meine Gedanken und Wünsche stimuliert. Ich lade die Versuchung ein. Josef tat das nicht.

Tipp 2

Josef **löste die Versuchung nicht selber aus.** Wie leicht kann ich durch zweideutige Sprüche, Blicke oder Andeutungen ein Gedankenfeuerwerk entzünden, das die Atmosphäre unkalkulierbar werden lässt.

Tipp 3

Als die Versuchung ihm begegnete, war Josef **von der ersten Sekunde an eindeutig.** Es ist viel schwerer, wenn nicht unmöglich, sexuelle Sünden zu verhindern, wenn ich meine, auf halber Strecke aussteigen zu können. Er wartete nicht darauf, bis die Hormone in ihm zu tanzen begannen. Eindeutigkeit ist Schutz. Lass den anderen von vornherein wissen, wo deine Grenzen sind.

Tipp 4

Josef sah sein **Leben in Verantwortung vor Gott.** Es ist interessant, dass er nicht auf seine Erziehung verwies, Sitten und Gebräuche aus dem Heimatland zitierte oder an den guten Ton im Haus appellierte. Nein, er machte klar, dass er sein Leben vor Gott verantwortete. Und zwar nicht nur am Sonntagmorgen für zwei Stunden, sondern auch am Mittwoch während seiner alltäglichen Arbeit. Josef war einfach erfrischend echt. Er erlaubte es sich nicht, seinen Gott traurig zu machen.

5

Tipp 5

Josef **blieb standhaft.** Der Wunsch der Frau, mit Josef zu schlafen, war kein verbaler Ausrutscher, den sie am nächsten Tag korrigierte. Nein, sie kam ständig zu ihm, flüsterte ihm ins Ohr oder hinterließ ihm kleine Notizen. Das machte Josef scheinbar nur noch entschlossener. Er blieb dabei: Es läuft nichts zwischen uns.

6

Tipp 6

Josef akzeptierte **keine** einfachen **Ausreden**. Seine Situation hätten andere vielleicht als einmalig bezeichnet. Doch Josef begab sich erst gar nicht hinein, indem er sich Ausreden erdachte wie: »Vielleicht hat sie ja Eheprobleme und ich kann ihr helfen«, »Ich wollte ja nicht, sie ist ja gekommen. Es liegt an ihr«, »Lass uns die Sache mal heute Abend bei einer Tasse Tee durchdiskutieren und dann sehen wir weiter.«

7

Tipp 7

Josef **richtete** seinen **Blick fest auf Gott.** Als nichts mehr half, sah er sich zu einem drastischen Schritt genötigt: Er lief davon. Diese Entschlossenheit bewahrte ihn vor einem großen Fehler. Dabei war er alles andere als ein verbissener Sexmuffel. Er behielt Gottes Willen im Blickfeld. Sein Verhalten ist uns heute noch eine Herausforderung und Motivation zugleich. Gott war mit diesem jungen Mann. Stell dir das einmal vor.

Josef sah diese Versuchung als eine ganz neue Chance um Gott zu sagen: *»Himmlischer Vater, ich liebe dich mehr, als ...«*

Ich staune über Josef, während ich diese Zeilen schreibe. Denn oftmals sind es ja viel geringere Dinge, die uns zum Entgleisen bringen. Doch die Geschichte Josefs gibt mir Hoffnung: Wir dürfen demselben Gott dienen, der Josef aus diesem Dilemma geholfen und ihn so entschlossen gemacht hat. Wenn das vor ein paar tausend Jahren möglich war, warum dann nicht auch heute?

Liebe kennt Fairplay

In den Sportmagazinen erscheint seine Verleihung nicht immer auf der Titelseite, obwohl er ein echtes Qualitätsmerkmal darstellt – der Fairplaypokal. Der Empfänger darf sich nämlich ganz sicher sein: Es wurde registriert, dass sein sportlicher Erfolg nicht durch Trickserei, sondern durch sportliches Können und Leistung erzielt wurde. Was im Sport honoriert wird und Signalwirkung verbreiten soll, ist auch im Umgang der Geschlechter nötig – Fairplay!

Gerade wenn es um die Frage der Grenzen geht, erklingt eine verwirrende Vielstimmigkeit. Wer sich die Mühe macht und in Ratgeberbüchern nach Grenzen zwischen Jungs und Mädchen sucht, die sich zu »Kein Sex vor der Ehe« entschließen, findet so allerlei: »Nach 22 Uhr nicht mehr alleine im gleichen Raum«, »leichtes Küssen, Hände nur oberhalb der Gürtellinie« usw. Vielfach sind diese Ratschläge von Personen verfasst, die ihre eigenen Jugendjahre schon lange hinter sich haben. Sie formulieren in abgeklärter Distanz, die sich oft durch eine erschreckende Realitätsferne auszeichnet. Finden lässt sich fast alles, man muss nur lange genug suchen.

Klarer Fall!

Ganz anders lassen sich die Grenzen erkennen, wenn wir beginnen nach einer Haltung zu fragen, die vom Grundsatz her ehrlich ist und daher die Bezeichnung »Fairplay« verdient. Denn viele Fragen nach konkreter Ausgestaltung stellen sich gar nicht mehr, wenn ich meine Motive hinterfrage und klar festlege, welchen Stil ich für mein Leben will. Darin bestand ja Josefs Stärke, dass er entschlossen war seine Reinheit nicht Opfer eines kurzen Abenteuers werden zu lassen. Er war von der korrekten Ausrichtung seiner Motive überzeugt.

In seinem Innersten war das Wissen verankert, dass eine Grenzüberschreitung seine Beziehung zu Gott verletzen würde.

Von seinem Triumph wäre wohl nichts zu lesen, hätte er sich nur auf einen leichten Flirt mit Potifars Frau eingelassen, womöglich nur »leichtes Küssen«, um dann rechtzeitig aufzuhören. Für ihn war die Frage nach der Grenze in der Situation keine Frage. Paulus macht dem jungen Timotheus klar, wo die Grenzen sind, ohne dabei kompliziert zu sein. Ganz einfach: *»Halte dich fern von allem, was die jugendlichen Leidenschaften weckt.«* (2. Tim. 2,22) Hier wird zur Aktivität aufgefordert. Das Gegenteil einer trägen Bedienermentalität. Wie fit bist du in dieser Hinsicht?

Dieser Rat ist heute noch genauso aktuell wie damals. Alles was sexuell erregt, ist von Gott ausschließlich für die Ehe vorgesehen und nicht außerhalb zu suchen.

Wer versucht, Gottes Maßstäbe abzuschwächen und meint, Zweisamkeit in selbst geschmiedeten Sektoren kontrollieren zu können, kann leicht am krampfhaften Versuch scheitern, unverkrampft erscheinen zu wollen. Wenn wir Grenzen überschreiten, die Gott uns gegeben hat, weil er das Beste für uns will, können wir da erwarten, dass er die Beziehung segnet und bestätigt?

Gott macht souverän

Aus Eindeutigkeit resultiert respektvoller Umgang der Geschlechter, was absolut nichts mit einer krampfhaften Lebensweise zu tun hat, sondern nur mit der Frage, wie weit ich Gott erlaube, in meinem Leben mitzureden.

Wenn ich ihn nicht mehr als Verfolger, sondern als Retter erkenne, wird mir die Notwendigkeit und Vorteilhaftigkeit seiner Nähe bewusst. Sein Rat wird lebenswichtig und eröffnet mir neue Horizonte. Ich bekomme eine Haltung, die souverän macht, die nicht zu verwechseln ist mit billiger Arroganz, die Schwächen zu verbergen versucht, sondern echte befreiende Souveränität darstellt.

Mit Ihm werde ich zu einer Persönlichkeit, einem Menschen mit Profil, der unabhängig von wechselhaften Stimmungen gute Spuren hinterlässt.

Vielleicht fragst du dich jetzt, wie ein gesunder junger Single sexueller Versuchung entkommen kann? Geht das überhaupt? – Ja natürlich, es ist möglich! Erfreulicherweise lässt sich das nicht nur auf einer einsamen Insel erleben, sondern genau da, wo du jetzt bist und lebst. Fairplay gelingt ja auch dann schon, wenn sich nicht alle Mitspieler daran halten. Man kann es praktizieren – egal, was die anderen davon halten. Hierbei gilt es, auf einige Knackpunkte zu achten. Womit füttere ich meine Gedanken, wie exklusiv kann mein »Ja« vor dem Altar einmal ausfallen und wie fülle ich den Begriff »Respekt«?

Ein leeres Haus?

Der erste Gedanke setzt Impulse, die die Richtung unseres Handelns bestimmen. Es ist entscheidend sich zu fragen, in welche Richtung mich meine Gedanken ziehen und womit ich sie fülle.

Würdest du dein Zimmer zehn Monate lang nicht betreten und erst dann wieder die Tür öffnen, wäre es wohl nicht gerade auf Hochglanz poliert. Vermutlich hätten sich einige Spinnen ausgebreitet, womöglich würden sich auch andere Kleintiere dort wohl fühlen und deine Stereoanlage wäre von einer hartnäckigen Staubschicht überzogen. Das Gleiche trifft auf unsere Gedanken zu. Es reicht nicht aus, sich einmal von sexueller Perversion und Ehebruch zu trennen, um sich dann wieder berieseln zu lassen. Füttere deine Gedanken nicht mit erotischen und pornografischen Bildern und Texten. Sie entwickeln eine bindende Macht, der nur schwer zu widerstehen ist. Viele Leute haben sie sogar in eine schwere Abhängigkeit getrieben.

In Matthäus 12,43-45 erklärt Jesus, dass der vertriebene »Bewohner« mit sieben Freunden ins leere Haus zurückkehrt, um sich in bislang ungekannter Zügellosigkeit und Zerstörungswut auszutoben. Wir müssen also unbedingt dafür sorgen, dass das Haus nicht leer bleibt. In Philipper 4,8 werden wir deshalb dazu aufgefordert, unsere Gedanken mit Gutem zu füllen: *»Denkt über das nach, was rein und liebenswert und bewunderungswürdig ist, über Dinge, die Auszeichnung und Lob verdienen.«* Das geschieht ganz bewusst, dazu ist mein Wille gefragt. Gedanken, die von der Liebe zu Gott überschäumen, sind die effektivste Antwort auf zwielichtige Verführungskünste. Was sich in den Gedanken abspielt, sagt mehr über unseren Charakter aus als gutbürgerliches Verhalten.

Wo Gott unsere Gedanken reinigt, ist es, als würde frische Luft in ein miefiges Zimmer gelassen und den Gestank vertreiben. Man fühlt sich wohl, Freunde können wieder zu Besuch erscheinen.

Exklusivität hat ihren Preis

Was den Umgang zum anderen Geschlecht angeht, so bedeutet Fairplay auch Abstand halten zu können. Gegenseitig Streicheleinheiten und Zärtlichkeiten auszutauschen, versetzt die Hormone logischerweise in Unruhe. Gott hat uns so geschaffen. Was bringt es mit diesen Gefühlen zu spielen, wenn du unverheiratet bist? Kann ich denn ehrlich zu Gott beten: »Führe mich nicht in Versuchung«, wenn ich selbst gerne mit ihr spiele? Unvorstellbar.

Ich muss an einen Jungen denken, dem seine Mutter nicht erlaubte, in einem See baden zu gehen. Der Junge war auf dem Weg zu einem Freund und wusste, dass er am See vorbeikommen würde. Er packte seine Tasche, in der die Mutter nur wenige Minuten später sehr verwundert auch seine Badehose entdeckte. »Aber ich habe doch gesagt, du sollst nicht im See schwimmen. Warum hast du die Badehose eingepackt?«, fragte sie ihn verwundert. »Die habe ich nur für den Fall dabei, dass ich in Versuchung komme«, antwortete der Junge. Er bereitete sich schon einmal darauf vor, der Versuchung zu erliegen und rief ihr somit ein »Herzlich Willkommen« zu.

Doch Abstand soll in alles andere als in chronische Langeweile führen, im Gegenteil. Es entsteht Platz, um sich anderen Interessen zu widmen; Freundschaften können in einer neuen Qualität gepflegt werden, Kreativität im Glauben an Gott und Dienst an anderen Menschen gewinnt Raum zur Entfaltung.

Abstand gibt auch der Beziehung zu deinem zukünftigen Ehepartner einen ganz exklusiven Charakter. Das »Ja« zu deinem Partner vor dem Altar ist gleichzeitig als ein »Nein« zu allen außerehelichen Kontakten zu verstehen. Da dies kein Schönwettermotto ist, das erst mit dem Hochzeitstag beginnt, kann ich meine Treue dem einen Partner schon beweisen, bevor ich ihn kenne. Sollte man den künftigen Ehepartner schon kennen, dann darf es noch leichter fallen, den nötigen Abstand zu halten, einerseits, weil sich in Zukunft noch ausgiebig Gelegenheiten bieten werden, aber auch, um die zukünftige Zweisamkeit nicht unnötig zu belasten.

Ein exklusives »Ja« vor dem Altar

Hut ab!

Die Kombination von Abstand und Gedankenhygiene mündet fast von alleine in die dritte Stufe des Fairplay:

Respekt vor dem anderen Geschlecht, der sich vor allem darin zeigt, dass man den/die andere/n nicht als Objekt sexueller Begierde betrachtet, sondern als Persönlichkeit. Unser Körper und unsere Gefühle haben zweifellos eine höhere Bestimmung, als nur damit zu spielen oder auf Entdeckungsreise zu gehen.

»So habe ich das noch nie gesehen«

Das große Thema Sexualität wird heute überwiegend im Zusammenhang mit »Spaß« vermittelt. Dabei werden Aspekte wie Verwundbarkeit und Verantwortung gerne überhört. Vielfach vergessen Jugendliche über ihrem Recht zur freien Entscheidung, dass man sich auch über das im Klaren sein muss, was man in einem anderen Menschen auslöst. Die Haltung »Hauptsache, ich schaffe es und komme einigermaßen gut dabei weg« folgt aus einem stark verkürzten Verständnis von Verantwortung, das nicht gerade von Charakter zeugt. Man kann es auch ganz einfach egoistisch nennen. Eine Eigenschaft, die sich mit dem Wort »Lust« ganz gut beschreiben lässt.

Der Schauspieler Clint Eastwood formulierte einmal: »Ich glaube, ein Mann will von einer Frau das Gleiche wie eine Frau von einem Mann: Respekt.«

Diese Haltung entfaltet aber erst dann ihre Größe, wenn ich sie nicht nur vom anderen erwarte, sondern auch selber lebe. Respekt vor dem anderen folgt aus dem Respekt vor Gottes Ordnungen. Gerade auf dem Gebiet der Intimität sind die Empfindungsgrenzen bei uns Menschen sehr unterschiedlich. Was dem einen »gerade noch okay« erscheint, ist für den anderen schon »zu weit«. Hier ist Fairplay gefragt.

Was löse ich im anderen aus?

Macht mein Verhalten es dem Nächsten schwer, sich an Gottes Leitlinien zu halten oder bin ich eine positive Motivation? Könnten Frauen erahnen, was sich durch bestimmte Signale, die sie senden, in manchen Männerfantasien abspielt, dann wäre ihre Reaktion mit dem Begriff »Erschrecken« vermutlich noch sehr behutsam ausgedrückt. Der Mann reagiert viel stärker auf optische Einflüsse und Reize. Er ist anders programmiert. Das führt natürlich auch die Männer in eine besondere Verantwortung. Hiob hat deshalb einen Vertrag mit seinen Augen gemacht und sich dazu verpflichtet, keine junge Frau auf eine stimulierende Weise anzuschauen (Hiob 31,1). Er wollte den Frauen ausschließlich in Respekt und Würde begegnen. Jesus selbst hat dem, was wir mit unseren Augen betrachten, eine herausragende Bedeutung gegeben. In Matthäus 6,22 verbindet er, was durch das Auge in Gedanken ausgelöst wird, mit einer Auswirkung auf den ganzen Körper. Macht man sich das einmal bewusst, wird das zerstörerische Ausmaß der Internetpornografie klar.

Mich hat eine wahre Begebenheit nachdenklich gemacht, die verdeutlicht, was geschieht, wenn Fairplay auf diesem Gebiet missachtet wird. In diesem Fall führten ein lockerer Spruch und ein unbesonnener Kuss zu großer Verwirrung.

»Den Kuss konnte ich nicht vergessen«

In lockerer Stimmung verlangte ein Theologiestudent noch eine »Belohnung« von einer Studentin, die er in der Dunkelheit nach Hause begleitete. Geschickt holte er sich einen Kuss, der in der jungen Frau viel mehr auslöste, als er sich dachte.

Jahre später predigte er engagiert von der Kanzel. Eine Frau, die unter den Hörern saß, erkannte in ihm den ehemaligen Studenten.

Daraufhin schrieb sie ihm einen Brief, der den Pfarrer erschreckte: *»Ich bin das Mädchen, das Sie damals vor der Haustür in Münster geküsst haben. Die Sache war natürlich harmlos. Und doch hatte sie Folgen. Ich lebe in einer Ehe, die unglücklich ist. Vier Kinder machen mir große Sorgen. Gern hätte ich Ihren Rat gehabt, aber ich bin nicht gekommen, weil ich den Kuss von damals nicht vergessen kann.«*

Was harmlos schien und unbedacht begann, wühlte diese Frau auf und wurde ihr zur Gefahr. Der Pfarrer ordnete diese Sache anschließend mit ihr und mit Gott.

Mit einem Blick hast du mein Herz gefangen

Genau die gleiche Sensibilität benötigt natürlich auch die Frau im Fairplay. »Mit einem einzigen Blick hast du mein Herz gefangen«, schreibt ein Mann von einer Frau

(Hoheslied 4,9). Hier wird klar, mit wie viel Hochspannung das Verhältnis zwischen Mann und Frau ausgestattet sein kann. Wichtig ist, sich ehrlich der Frage zu stellen: »Welche Signale sende ich?«

Ich erinnere mich noch gut an einen Besuch in einer Jugendgruppe. Im Anschluss kam ein junger Mann zu mir und schilderte sehr offen sein persönliches Problemfeld: die Gedankenwelt. Als ich mich danach mit den Jugendlichen unterhielt, fiel mir im Licht unseres Gespräches erneut auf, welche Signale von einigen jungen Damen der Gruppe ausgingen. In ihrer Kleidung und ihrem Verhalten war eine Motivation zu erkennen, die wenig mit Fairplay zu tun hatte. Vielleicht hatten sie sich auch nie bewusst mit der Frage auseinander gesetzt, auf welche Gedanken sie das männliche Geschlecht bringen, wenn sie sich in hautenge Kleidung zwängen.

Scheinbar perfekt!

Sie wusste, dass sie gut aussieht. Niemand musste ihr das sagen, und wenn es doch jemand tat, dann nahm sie das mit einem bescheidenen Lächeln dankend zur Kenntnis. Anschließend blickte sie sich im Spiegel wieder tief in die eigenen Augen, um sich erneut davon zu überzeugen: »Erstaunlich, wie gut ich aussehe.« Es stimmte einfach alles: Figur, Charisma, Haarfarbe und dann dieses gewinnende Lächeln, das schon so viele Männer elektrisiert hatte und sie irgendwie verlegen machte. Es schien ihr alles zu gelingen. Ihr Aussehen weckte das Interesse vieler Menschen. Sie perfektionierte ihre Haltung, ihren Gang und wusste sich dabei gut in Szene zu setzen. Immer öfter ertappte sie sich dabei, ihre Attraktivität gezielt zu platzieren. Die mündliche Prüfung wurde schnell entschärft durch einen weiten Ausschnitt und den besonders kurzen Rock. Der Prüfer war ein älterer Herr, ganz offensichtlich mit »Nachholbedarf«. Der Test war bestanden, die Masche hatte wieder gezogen. Samstagmorgen ging es dann in die Fußgängerzone zum »Einkauf«. Lange genug zu Hause präpariert, dann ein letzter prüfender Blick in das Schaufenster des benachbarten Gemüsehändlers – es stimmte alles. Unter klarem Himmel kam ihre textilarme Sommerkollektion einwandfrei zur Geltung. Für sie verwandelte sich die Fußgängerzone in einen Laufsteg. Um sie herum tasteten Männeraugen ihren Körper wie ein Scanner ab. Ein Gefühl von Überlegenheit erfüllte sie – bis zu dem einen Tag, als sie wie aus einem Traum erwachte. Sein kurzer Abschiedsbrief lag auf dem Küchentisch. Wie konnte er so etwas tun, nachdem ich ihm alles gab, fragte sie sich. Als sie eine bleibende Liebe suchte, spielten andere mit ihr. Sie erschien vielen gut genug, um mit ihr »Erfahrungen« zu machen, doch mehr war nicht erwünscht. Ihr Körper war begehrt, ihre Person nicht gefragt.

Sie hatte die Regeln des »Fairplay« lange missachtet, bis sie selber rüde gefoult wurde.

Gnade ist immer unfair

Während du in diesem Buch liest, läuft womöglich irgendwo in deinem Kopf ein Erinnerungsfilm in ständiger Wiederholung ab. Längst verdrängte Erlebnisse, die die Zeit heilen sollte, werden wieder sichtbar. Dir wird klar, dass Sex außerhalb der Ehe Gottes Leitlinien missachtet. Nun fragst du dich vielleicht, wie deine Zukunft überhaupt noch funktionieren kann, nachdem du schon so weit gegangen bist. Sünde, der Bruch mit Gottes Gebot, hat immer Konsequenzen. Das ist die schlechte Nachricht.

Der Bruch mit Gottes Geboten hat immer Konsequenzen

Der 3. Juni 1998 wird uns als schrecklicher Unglückstag in Erinnerung bleiben. Gegen 11:00 Uhr morgens entgleisten in der Stadt Eschede alle Waggons eines ICE, der von München nach Hamburg mit einer Geschwindigkeit von 200km/h unterwegs war. Den ersten Rettungskräften bot sich ein Bild der totalen Verwüstung. Auch Anwohner bemühten sich, Verletzte und Unverletzte aus den Trümmern zu bergen. In einem ungekannten Ausmaß wurden Helfer physischen und vor allem sehr hohen psychischen Belastungen ausgesetzt. Diese ungeheuren Belastungen wurden den Helfern während des Einsatzes gar nicht bewusst. Die Erinnerungen kamen erst in den Monaten, als sie zur Ruhe fanden.

Sünde ist wie so ein Unfall, durch den Schaden entsteht, der mich zerstört. Niemand wird sich an Unfälle gewöhnen wollen oder sie als Routine akzeptieren. Daher untersuchen wir die Unfallstelle und versuchen unser Bestes, um in Zukunft vorsichtiger zu sein. Wer mit dem Zug eine Reise antritt, der wird auf keinem Fahrplan den Hinweis »Unfall erwartet« entdecken. Ähnlich ist es bei Gott: In seinen Leitlinien gehört der Unfall nicht zum Programm. Doch sollte es zu einem Unfall gekommen sein, dann gibt es keinen Grund die Flinte ins Korn zu werfen. Das ist die gute Nachricht.

Ein zweites »erstes Mal«

Wir dürfen einem Gott dienen, bei dem es eine zweite Chance gibt. Bei ihm gibt es Hoffnung, die nirgendwo anders zu finden ist. Nur er kann die durch Sünde entstandene Verletzung heilen, dir durch Jesus Christus Vergebung schenken und begangene Schuld auslöschen. Auch wenn sich deine Erinnerungen wie ein

Echo im Gebirge wieder melden wollen, kann Gott sogar die Tätowierung deiner Seele vollkommen beseitigen. So, als wäre nichts gewesen. Er will vergeben und dir ein zweites »erstes Mal« schenken.

Er will dir ein zweites »erstes Mal« schenken.

Wir waren nach Weißrussland eingeladen, um mehrere Tage über »Wahre Liebe wartet« zu sprechen. An einem Abend kam eine Jugendliche nach vorne, um eine Frage zu stellen, die ungefähr so lautete: »Angenommen, ich lebe nach der Überzeugung ›Sex erst in der Ehe‹. Ein junger Mann kommt auf mich zu, er lebte sich in seiner Vergangenheit aus und hat erst seit einiger Zeit die gleiche Sicht. Er bat Gott um Vergebung und hat nun den Eindruck, wir sollten heiraten. Ich habe mich all die Jahre bemüht, meinen Prinzipien treu zu bleiben, während er das nicht die ganze Zeit über tat. Ist das nicht unfair?« Ihr Gedanke erscheint auf den ersten Blick nachvollziehbar, denn da führt eine Person über einen viel längeren Zeitraum, als es die andere tut, ein reines Leben. Aber auf der anderen Seite wird an dieser Geschichte auch die Größe Gottes deutlich:

Gnade ist immer unfair. Es ist dieselbe Gnade, die den einen zurückführt und den anderen bewahrt.

Diese Begebenheit macht eigentlich sehr gut deutlich, was Vergebung bedeutet. Vergebung ist nämlich kein »Reflex«, den ich nach Lust und Laune auslösen kann, um dann weiterzumachen, wie ich will. Vergebung setzt die Haltung voraus: »Es tut mir Leid, ich will das jetzt lassen.« Hat der junge Mann Vergebung so erlebt, dann wird ihm die Erinnerung an seine Vergangenheit nicht wie ein Triumph erscheinen. Dann weiß er, was er verloren hat.

Falsch verstandene Vergebung sucht nur den eigenen Vorteil, was sich mit Gott allerdings nicht machen lässt, denn er sieht bis in unsere Herzen und Motive hinein.

Zwei Geschwister stritten sich mal wieder. Als der Vater nach einiger Zeit in den Raum kam, fiel ihm die Tochter um den Hals und sagte: »Papa, es tut mir Leid, dass wir uns schon wieder gestritten haben.« Während sie ihren Vater um Verzeihung bat, streckte sie dem Bruder die Zunge heraus. Als der Vater das bemerkte, meinte er: »Ich kann dir so nicht vergeben.« Hier wurden gängige Formulierungen gebraucht, doch die Motivation, die Haltung war einfach unaufrichtig.

Ähnlich ist es mit unserer Bitte um Vergebung vor Gott. Sie schließt auch immer die Versöhnung mit unserem Umfeld ein. Denn auch dort wurde zerstört.

Für mich ist es doch sowieso zu spät

Es kann so leicht passieren, dass eine Verstrickung in sexuelle Sünde den hoffnungsvollen Blick auf Gott verschleiert. Der Gedanke macht sich breit: »Jetzt ist sowieso alles zu spät.« Vielfach ist damit der Einstieg in den Absturz verbunden. Sex, Alkohol, Isolation und Drogen zeigen sich dir jetzt besonders attraktiv und zerren an dir. Es fällt dir immer schwerer »nein« zu sagen, obwohl du weißt, was richtig wäre. Du brauchst dich nicht an diesen Zustand zu gewöhnen, denn das muss nicht so bleiben.

Fang neu an!

Wer seine Sünde verheimlicht, dem wird es nicht gut gehen. Aber wenn er sie bekennt und davon lässt, wird er Barmherzigkeit finden. (Spr. 28,13)

Du darfst deine Fehler vor Gott bringen, damit aufräumen und ihn um Vergebung bitten.

Er möchte dir eine neue, emotionale Unberührtheit geben. Auch wenn du das Vergangene nicht mehr ungeschehen machen kannst und körperlich keine »Jungfrau« mehr wirst, möchte Gott dir eine neue Reinheit schenken. Solltest du einmal heiraten, dann kannst du diese neue Reinheit als ein ganz besonderes Geschenk in deine Ehe mitbringen. Es gibt dann in deiner Biografie diesen Punkt, von dem du sagen kannst: »Seitdem ... Ich habe aus meinen Fehlern gelernt und auf dich gewartet.«

»Als Teenagerin bekam ich durch mein Umfeld immer mehr das Gefühl, es ist eine riesige Blamage, seine Unschuld noch zu behalten«, schrieb uns eine junge Mutter. *»Natürlich hatte es auch seinen Reiz, es einmal auszuprobieren, aber es schien fast notwendig, diese Erfahrung zu machen. Doch es war ganz anders, als ich*

es mir vorstellte. Ein junger Mann, der mir beteuerte, wie sehr er mich liebte, zeigte mir sein wahres Gesicht, nachdem er bekommen hatte, was er wollte. Natürlich ging die Beziehung irgendwann in die Brüche, in mir blieb ein verletztes Herz. Die nächsten Beziehungskisten hatten eigentlich keine Chance, denn fast alle brachten den Müll meiner Vergangenheit wieder hoch. Durch meine Schwester erfuhr ich von einem Neuanfang mit Jesus Christus. Ich suchte nach dieser Verbindung mit Jesus, fand ihn und bat um Vergebung. Daraufhin erlebte ich einen bisher ungekannten, tiefen inneren Frieden. Nachdem ich Vergebung erfahren hatte, konnte ich auch wieder vergeben und so wurde mein Herz wieder weich. Auch mein Mann konnte nochmal neu anfangen. Wir haben uns beide unabhängig voneinander für ›Wahre Liebe wartet‹ entschieden.«

Es kann hilfreich sein, diese Bitte um Vergebung gemeinsam mit einem Menschen vor Gott zu bringen, einer Person, die selbst erlebt hat, was Vergebung bedeutet. Doch gerade auf dem Gebiet sexueller Grenzüberschreitung gilt es vorsichtig zu sein und sich auf keinen Fall einer unzuverlässigen Person anzuvertrauen.

Was Vergebung wirklich bedeutet, lässt sich nur schwer in Worte fassen. Es muss einfach erlebt werden. In der Bibel wird von einem jungen Mann berichtet, den viele als den »verlorenen Sohn« kennen. Doch seine Geschichte endet nicht in diesem elenden Zustand. Als er ganz unten war, sagte er sich: *»Ich will zu meinem Vater nach Hause gehen und sagen: Vater, ich* *habe gesündigt gegen den Himmel und auch gegen dich.«* (Lk 15, 18-19) Der Vater empfing seinen Sohn, auf den er schon so lange gewartet hatte, mit offenen Armen. Auch wir dürfen in Reue und Demut in die Arme des Vaters umkehren.

Firewall installieren

Das Internetzeitalter hat unsere Sprache um so manche Ausdrücke bereichert. Wir gehen mal kurz »online«, um schnell etwas »downloaden« zu können. Wer ungebetene »Gäste« von seinem Computer fern halten möchte, der installiert vorher noch eine »Firewall«. Da im Internet Viren kursieren und Leute mit ganz unterschiedlichen Motivationen unterwegs sind, schützt diese Einrichtung vor bösen Überraschungen. Der Begriff »Firewall« kommt aus der Architektur und kann mit »Brandschutzmauer« übersetzt werden. Brandschutzmauern sollen die Ausbreitung eines Feuers stoppen oder es zumindest so lange aufhalten, bis Hilfe eintrifft. Nachdem ich Vergebung empfangen habe, ist es gut, eine solche »Firewall« zu »installieren«. Da ist z. B. die **Eindeutigkeit.** Es gibt keinen Grund, deine neu gewonnene Sicht wie ein Staatsgeheimnis zu hüten. Dürfen deine Freunde wissen, wie du denkst? Na klar, denn das ist der beste Schutz. Wichtig ist es, Zeit zum **Austausch** mit den Leuten zu haben, die in der gleichen Überzeugung leben, und darauf zu achten, dass der **Kontakt zu Gott störungsfrei** erhalten bleibt.

Schmeiß den Kuckuck aus dem Nest

Schon eingedrungene Viren kann man mit einem Kuckucksei vergleichen, das in deinem Nest abgelegt wurde. Scheint das Ei zunächst auch den hausgemachten Eiern zu gleichen, wird der daraus schlüpfende Vogel doch nicht eher ruhen, bis alle anderen Eier und Vogeljungen aus dem Nest geworfen und in den Tod gestürzt sind.

Konkret bedeutet das, dass diese Fremdkörper im eigenen Leben enttarnt und dann entfernt werden müssen. Mache dich frei von den Dingen, die dich in den alten Müll zurückziehen wollen. Da kann z. B. eine Internetdiät angesagt sein; Zeitschriften und Videos sind zu entrümpeln. Gewohnheiten und Neigungen sind aufzugeben, die schon lange bindenden Charakter haben und deine Bewegungsfreiheit weiter eingrenzen werden. Hier gilt es konsequent zu sein; du weißt am besten, welchen Bereich deines Lebens das berührt.

Diese drei Eigenschaften der »inneren Firewall« werden den streunenden Viren keine Chance geben. Besonders der Person gegenüber, mit der du sexuellen Kontakt hattest, solltest du geradlinig bleiben. Betrachte es lieber nicht als deine Aufgabe, diese Person zu überzeugen.

Freiheit pur

Seit vielen Jahren läuft in Deutschland die »Mach's-mit«-Kampagne. Mit Millionenaufwand wird hier das Kondom beworben. Ob am Frühstückstisch, zum Sonnenaufgang oder als Boygroup, das kreisrunde Kondom ist der unumstrittene Hauptdarsteller. Ziel dieser Aktion sei es, auftretende Risiken bei der Verbreitung sexuell übertragbarer Krankheiten zu minimieren. Ein Problem, das nicht nur nationalen Charakter hat, sondern schon lange den ganzen Globus betrifft. Aids taucht eben nicht nur in Statistiken und fremden Kontinenten auf. Die Gefahr wurde erkannt, sonst gäbe es diese Kampagne nicht. Tückisch an den Slogans ist das merkwürdige Selbstverständnis, das sie transportieren. Der Seitensprung und ein ausgedehnter Urlaubsflirt werden irgendwie als unumgänglich vorausgesetzt. Hoffnung wird nur in der Formel »technische Lösung statt Verzicht« gesucht. Ich möchte nicht bezweifeln, dass die Macher gute Absichten verfolgen, doch trifft ihre Antwort wirklich den Kern des Problems? Das darf bezweifelt werden. Nicht nur deshalb, weil Kondome definitiv keinen 100%-igen Schutz bieten können, sondern weil die möglichen Verletzungen einer sexuellen Beziehung viel weitreichender sind, als dass sie durch ein wenig Latex verhindert würden.

Hast du dem Gedanken schon einmal Raum gegeben, dass diese aufwändig bekämpfte Bedrohung spurlos an dir vorüberziehen kann? Nämlich dann, wenn der Grundsatz des Wartens in dir verankert ist. Kein Sex vor der Ehe und gegenseitige Treue in der Ehe mit einem Partner, der nicht infiziert ist. Das ist wirklich 100% sicher und schafft Geborgenheit. Mancher mag einwenden: »Vielleicht ein schönes Wunschbild, aber von der Realität weit entfernt.« Glaube ich nicht. Hier ist nicht von Mehrheiten die Rede, sondern es geht um dein Leben. Um dich! Du kannst genau diese Überzeugung konkret werden lassen.

Instant ist »in«

Warten ist nicht besonders populär. Wer was auf sich hält, der stellt sich doch nicht hinten an, sondern legt die goldene Kreditkarte auf den Tisch und Türen öffnen sich wie von alleine: »Instant« ist auch beim Essen »in«. Der lösliche Kaffee und die 5-Minuten-Terrine treten in Konkurrenz zum Original. Geschmacklich sind sie zwar nicht annähernd so gut, aber eben schneller. Vorteile des Wartens wollen hier nicht so recht einleuchten.

Es geht ja in unserem Zusammenhang auch um ein völlig anderes Warten, nicht um Zeitvernichtung, sondern um Reife und Respekt. Ein Warten von anderem Charakter, einem Warten aus Liebe. Warten, weil der oder die andere es mir wert ist. Warten auf eine Reife, die nicht auf Abkürzungen zu haben ist. Warten, weil Gottes Zeitplan weiter sieht als die Wucht des Augenblicks. Diesen Wert gilt es wieder zu entdecken und die Zutat »Zeit« darf hierbei nicht fehlen.

Der 21-jährige Adrian schrieb uns: *«Ist nicht der gefangen, der von seiner Lust gesteuert wird? Und ist nicht mein Entschluss zu warten Ausdruck von Freiheit? Ich kann tun oder lassen was ich will, aber ich muss es nicht.*

Warten ist nicht mehr zeitgemäß. Das stimmt leider. Aber gerade weil es nicht selbstverständlich ist, habe ich die wunderbare Möglichkeit, meiner Frau einmal das größte aller Geschenke machen zu können. Ich werde ihr mit offenem Blick in die Augen schauen und sagen können: Ich war dir schon treu, bevor ich dich kannte, und werde dir immer treu bleiben.«

Heiliger Abend am 9. Dezember?

Wo Intimität als Geschenk verstanden wird und nicht als Anspruch, entsteht ohnehin ein völlig neues Bild. Um ein Geschenk in Empfang zu nehmen, muss ich keine »Erfahrungen machen«.

Das würde den Charakter des Geschenkes völlig zerstören. Stell dir vor, die Enkel wollen Omas Weihnachtsgeschenke schon am 9. Dezember öffnen. Begründung: »Wir sind so aufgeregt und würden gerne jetzt schon wissen, was drin ist. Halt Erfahrungen sammeln.« Die Oma bejaht und die ersehnten Inliner sind in der gewünschten Farbe da. Einmal tief durchatmen. Wun-

Intimität ist ein Geschenk

derbar. Am 14. Dezember wird der Wunsch nach einer Testfahrt immer stärker. Nach zäher Verhandlung wird das leicht zerknitterte Päckchen noch einmal geöffnet. Kurze Testfahrt. Passt. Der 20. Dezember sollte nochmal zur letzten Routineuntersuchung dienen. Bitte, bitte. Na, gut. Am 24. ist es dann so weit. Bescherung. Ach so, da ist ja noch das Geschenk von Oma. Die Inliner in blau, die sich ganz gut fahren lassen. Können wir ja später noch anschauen ...

Wer Sexualität als Geschenk Gottes wahrnimmt, der empfindet es als Freiheit, »warten« zu können und entdeckt im Warten einen Schatz und die ständige Bereicherung seines Alltags.

- **Schutz vor dem Gefühlsmix – Sex oder Liebe?**

Erste sexuelle Erfahrungen werden vielfach aus dem Gefühl gegenseitiger Begeisterung heraus gemacht. Was liebevoll begann, erscheint häufig in einem ganz anderen Licht, nachdem man sexuell intim geworden ist. Wie in einem Cocktailmixer werden Gefühle und Emotionen dann bis zur Unkenntlichkeit durcheinander gewirbelt. Der Entschluss zu »warten« ist ein Filter für die Liebe.

- **Schutz vor verzehrender Leidenschaft**

»Es war nur der Sex, der mich zu jeder Freundschaft trieb«, schreibt ein mittlerweile verheirateter Familienvater im Rückblick. Oftmals beginnt es mit dem Wunsch, die eigene Lust nur ein wenig füttern zu wollen, doch nicht immer stellt sich dann die erhoffte Ruhe ein. In vielen Fällen wird das Verlangen nur intensiver, nachdem der Appetitanreger verzehrt ist.

- **Ohne »Bruchlandung«**

Trennungsschmerz tut besonders weh. An Flughäfen und Bahnhöfen lässt sich das immer wieder beobachten. Doch wo Beziehungen auseinander gehen, die von sexueller Intimität geprägt waren, entsteht ein noch viel tieferer Schmerz. Ein Schmerz, der nicht selten in Verbitterung umschlägt und oftmals den Wunsch weckt, am Rad der Zeit drehen zu können.

- **Zeit zur Reife**

Eine Eigenschaft von Reife ist die Fähigkeit warten zu können, Spannungen auszuhalten und den Blick auf das Ziel nicht zu verlieren. Während wir durch unsere Teenagerjahre heranreifen, wächst genau diese Eigenschaft. Unsere Wahrnehmung kann weiter geformt und unser Denken geschärft werden.

- **Der Liebe eine Chance geben**

Liebe ist zuerst um das Wohl des anderen besorgt. Die Bibel beschreibt im 1. Korinther 13 »die Liebe« mit ihren vielfältigen Eigenschaften. Es entfaltet sich eine Schönheit, die Bewunderung weckt. »Liebe ist geduldig ...«, das ist ihr erstes Merkmal. Gottes Plan, sexuelle Intimität der Ehe vorzubehalten, ist Ausdruck seiner Liebe zu uns.

- **Respekt vor der eigenen Person**

Ein Mädchen wurde von ihren Freundinnen immer wieder ausgelacht, weil sie noch Jungfrau war. Irgendwann wurde ihr das zu bunt und sie sagte zu ihnen: »Ich kann in ein paar Minuten werden wie ihr, aber ihr könnt nicht mehr werden wie ich.« Sie war nicht verlegen, sondern überzeugt vom Wert des großen Geschenkes ihrer Reinheit.

In ein paar Minuten kann ich werden wie ihr ...

- **Liebe zu den eigenen Kindern**

Die meisten jungen Leute wünschen sich für ihre Zukunft ein glückliches Familienleben mit eigenen Kindern. Diesen Kindern kannst du die beste Zukunftsperspektive geben, indem du sie diese Welt in einem glücklichen Elternhaus entdecken lässt.

Aufeinander zu warten darf als Freiheit empfunden werden. Eine Freiheit, die zu dem Geschenk der Sexualität einfach dazugehört. Du brauchst es nur noch anzunehmen.

Mission Possible – nichts ist unmöglich!

Vor einiger Zeit entdeckte ich einen Buchtitel, der mich neugierig machte: *»Menschen, die die Welt veränderten«*. Porträtiert waren darin 50 berühmte Persönlichkeiten und deren Entdeckungen, Erfindungen und Überzeugungen, die die Welt bewegten. Fesselnd ist von Staatsmännern, Philosophen oder Wissenschaftlern und deren persönlicher Geschichte die Rede. Personen wie Julius Caesar, Johannes Gutenberg, Immanuel Kant oder Wilhelm Röntgen und Marie Curie werden durch die bildhaften Beschreibungen wieder lebendig. Meist waren die Höchstleistungen aller Gesellschaftsepochen herausragende persönliche Leistungen einzelner Männer und Frauen. Viele von ihnen beeinflussen unsere Welt noch heute, obwohl sie vor Jahrhunderten lebten. Im Rückblick werden diese Menschen bewundert, wenngleich sie in ihrer Zeit auch auf großen Widerstand stießen. Sie lebten in verschiedenen Epochen, doch das eine Merkmal trugen sie alle:

Sie traten aus der spröden Masse heraus und verknüpften ihr Leben mit einer Sache, für die sie sich mit ihrer ganzen Persönlichkeit einsetzten.

Die Welt verändern, warum nicht?
Die Wahrscheinlichkeit ist sehr groß, dass dein und mein Name niemals in einem solchen Buch zu finden sein wird. Dennoch kannst du die Welt verändern da, wo du jetzt bist. Das geht sogar ohne Nobelpreis und ohne steile Politikerkarriere.

Der Moment, in dem du die Überzeugung gewinnst, dass »Wahre Liebe wartet«, wird nicht ohne Folgen bleiben. Denn für das Umfeld, in dem wir uns heute bewegen, ist der Lebensentwurf »Kein Sex vor der Ehe« ein echtes Kontrastprogramm. In Radiosendern wird Sex stundenlang als Spaßfaktor besungen, Fernsehen, Video und DVD liefern die entsprechenden Bilder, das Internet verlockt unaufgefordert durch aufblinkende Fenster in das Rotlichtmilieu. Da muss dein Entschluss ja auffallen! Vielen Leuten um dich herum ist dieser Gedanke so fremd, dass er höchstens im Archiv noch Platz hat. Doch auf einmal wird er lebendig. Er wird mit einer Person verbunden, die nicht nur theoretisiert, sondern die es lebt! Das verändert die Welt. Weil dir klar geworden ist, dass kein Grund besteht, vor der Sexwelle

»Wahre Liebe wartet« – das verändert die Welt

zu kapitulieren wie das Kaninchen vor der Schlange, setzt du in deiner Umgebung positive Akzente.

Das Geheimnis einer standhaften Persönlichkeit
Verbinde den persönlichen Entschluss mit einer weiten Sicht für dein Leben. Dachterrassenperspektive. Denn langfristig interessieren kurzfristige Erfolge nicht. Halte den Gedanken daran wach, welches Geschenk du einmal deinem Ehepartner machen kannst. Wenn auch nur 7% deiner Bekannten bereit sind diese Überzeugung anzunehmen, dann suchen die restlichen 93% ganz einfach nach ansteckenden Vorbildern. Sie wollen endlich Leute in ihrem Alter kennen lernen, die es ihnen vorleben. Genau das kannst du sein. Das Lebensmotto »Wahre Liebe wartet« darf nicht nur von seinen Grenzen her definiert werden.

Gott hat eine größere Freude und Schönheit für uns vorbereitet

Mach es den Leuten klar: »Wahre Liebe wartet« ist nicht der von vielen gefürchtete Hemmschuh. Zeige ihnen, welche Möglichkeiten sich dem eröffnen, der es glaubt und konsequent lebt.

Lass deine Umgebung nicht nur erkennen, *wie* du dein Lebensmotto umsetzt, sondern lass auch den eine Antwort finden, der nach dem »*Warum*« fragt. Eine Teenagerin gab dazu einmal eine einfache und tief greifende Antwort: »Ich möchte Gott nicht verletzen.«

Aus einer Argumentationsfrage wurde für sie eine Beziehungsfrage. Oft ist es zu wenig, Vorteile oder Nachteile zum außerehelichen Sex-Tabu gedanklich abzuwägen. Wir müssen uns gefangen nehmen lassen von der größeren Freude und Schönheit, die Gott selbst für uns vorbereitet hat. Wenn dies geschieht, wird klar – es geht nicht in erster Linie um das Ändern von Statistiken, sondern um ein verändertes Verhalten einzelner Personen. Hieraus entspringt eine ungeahnte Energie, die uns zu standhaften Persönlichkeiten werden lässt.

Angenommen, einem Ehepaar würden 40 »gute Gründe« genannt, warum es vernünftig ist zusammenzubleiben, wobei gesellschaftliche, partnerschaftliche oder nachbarschaftliche Gründe eine Rolle spielen. Auf einer anderen Liste wären dann Aspekte genannt, die eine Trennung aus Gründen eines größeren Freiraums befürworten. Er müsste dies und jenes nicht mehr tun, sie könnte mal wieder ihren Hobbys nachgehen usw. In gründlichem Abwägen und stundenlangen Diskussionen könnte das Paar die Punkte durchgehen. Sie könnten die lange Auflistung aber auch gleich in die Tonne werfen! Nämlich dann, wenn ihre Ehe von einer tiefen gegenseitigen Liebe zueinander erfüllt wäre. Genau diese Beziehung mit Gott beschreibt die Teenagerin, die ihn nicht verletzen möchte. Es wird ihr aus diesem Grund leicht fallen, den Grundsatz des Wartens nicht aufzugeben.

Für mich ist diese Haltung die Krone aller Argumente. Unabhänging von Umständen oder Meinungen wird es möglich sein gerne zu warten. Es wird nicht nur möglich, sondern auf eine wunderbare Weise selbstverständlich.

Kann es etwas Schöneres geben?

Ein Haus, ein Boot, ein Auto – Wunschtraum vieler Leute, der nur für wenige zur Realität wird. Wenn auch unerreichbar für viele, so sind doch alle diese Dinge bezahlbar. Wer genug Geld hat, der holt sich davon, was er will.

Doch stell dir vor, du bekommst ein unbezahlbares Geschenk oder darfst es an einen anderen Menschen weitergeben. Ein Geschenk, das nicht in Schaufenstern ausliegt und dessen Wert sich nicht in Euro beziffern lässt: das Geschenk der Reinheit. Rebecca St. James antwortete auf die Frage, warum sie »Wahre Liebe wartet« lebt: »Ich möchte mir in meiner Hochzeitsnacht Erinnerungen an andere Männer ersparen. Und genauso wenig möchte ich, dass mein Mann an andere Frauen denkt.« Egal, ob Gott dir eine neue emotionale Unberührtheit geschenkt hat oder du sie einfach beschützt hast. Dahinter steckt für jeden eine ganz persönliche und aufregende Geschichte. Nicht alle werden in tumultartige Szenen verstrickt, wie es bei Josef der Fall war. Dennoch kennen wir in unserem eigenen Lebenslauf die Momente, Diskussionen und Abgründe, an denen wir diese Reinheit zu verteidigen hatten. Letztlich haben wir das Gelingen dann nicht nur unserer Willenskraft, sondern vor allem Gottes Unterstützung zuzuschreiben.

Wenn du dann endlich der Person gegenüberstehst, der du ein lebenslängliches »Ja« aussprichst, wirst du wissen, wofür sich all dein Einsatz gelohnt hat. Miriam und Patrick meinten: *»Als wir in der Hochzeitsnacht voreinander standen, da fragten wir nicht mehr, warum man warten sollte. Dann weiß man 100%ig, dass es so am besten und wirklich richtig ist.«* Für die 22-jährige Hedi war der Tag ihrer Hochzeit wie eine Überdosis Glück: *»Eines der wichtigsten Dinge war für mich mein Brautkleid: ganz in weiß! Ich freute mich riesig darauf, es am Hochzeitstag anzuziehen und war stolz darauf zu wissen, das weiße Kleid ist keine Show, sondern echt. Es symbolisierte meine sexuelle Reinheit. Es war das schönste Hochzeitsgeschenk für meinen Mann. Ich war überglücklich, ihm in die Augen schauen zu können, ohne an einen anderen Mann in meiner Vergangenheit denken zu müssen.«*

Ulrike schrieb: *»Wir hatten nie das Gefühl, etwas verpasst zu haben. Wie damals ist auch heute noch Sex nicht das Wichtigste in unserer Beziehung. Es ist für mich auch wichtig zu wissen, dass mein Mann nicht nur ›das Eine‹ von mir wollte, sondern mich als Persönlichkeit schätzt und liebt. Das zeugt von Stärke und Charakter.«*

Kann es etwas Schöneres geben? Das Genialste daran ist, dass dieses unbezahlbare Geschenk nicht unerreichbar für dich bleiben muss.

Es ist dein Leben, deine Chance!

Ein Mobilfunkanbieter warb einmal mit dem Slogan: »Das Leben ist zu kurz für eine lange Leitung.« Wie wahr! Die meisten älteren Leute werden andächtig nicken, wenn sie mit der Aussage konfrontiert werden, das Leben sei kurz. Im Rückblick überlegen sie sich, wie die Bodenplatte beschaffen war, die sie in ihren Teenagerjahren gelegt haben. Konnte darauf gut weiter gebaut werden? Was für ältere Menschen zur Geschichte gehört, ist für uns noch Zukunft.

Das Leben, das wir jetzt leben, ist unser letztes

Doch eins steht fest – ganz egal, wie alt oder jung wir sind: Das Leben, das wir jetzt leben, ist unser letztes. Nicht wie in einem Computerspiel, wo fünf Ersatzleben in der rechten oberen Ecke des Monitors aufleuchten.

Kommentare, Blödeleien und Sprüche von Mitschülern oder Leuten, die sich für sehr wichtig halten, werden schneller als vermutet verhallen und ihre Bedeutung verlieren. Doch Entscheidungen, die du jetzt triffst, die werden dich ein Leben lang begleiten. Kann sein, dass du dich momentan in einem gut behüteten Umfeld bewegst. Eltern, Familie, Schule, Ausbildung. Das wirkt so absolut, als würde sich daran nie etwas ändern. Aber diese unsichtbare Schutzmauer wird schon bald Risse bekommen, Dinge werden sich sozusagen über Nacht ändern und früher, als du glaubst, wirst du für deine eigenen Entscheidungen geradestehen müssen. Was zählt, wird nur sein, worauf du dich dann noch stützen kannst.

Ich habe absolut keinen Zweifel daran, dass der lebendige Gott ein Interesse am Gelingen unseres Lebens hat. Er, dessen Blick so viel weiter reicht, möchte das Beste für uns. Das leuchtet uns nicht immer gleich ein. Muss es auch nicht. Deshalb dürfen wir uns ihm ja anvertrauen. Gerade mit den Fragen, die wir nicht gleich verstehen. Ist es nicht entspannend das zu wissen?

Alles gedankliche Abwägen und Zögern darf in eine persönliche Entscheidung für dein Leben führen. Ich möchte dich dazu einladen, egal, welche Erfahrungswerte du beim Lesen dieses Taschenbuchs mitgebracht hast. Es geht doch gar nicht um »die Aktion«, sondern in erster Linie um deine Zukunft. Du kannst jetzt den Entschluss fassen, dass »Wahre Liebe wartet«. Seit Beginn dieser Initiative haben das über eine Million junger Leute aus vielen verschiedenen Ländern getan.

Über Landes-, Kultur- und Sprachgrenzen hinweg eint sie dieser Entschluss – und das ist auch gut so.

Vielleicht suchst du immer noch nach Antwort auf eine Vielzahl von Fragen. Wie finde ich den richtigen Ehepartner? Wird er/sie mich finden? Und wenn ich nie heirate? Alle diese Fragen sind wichtig. Ihre Antworten wirst du ganz bestimmt in einer anderen Qualität finden, wenn du sie mit der inneren Grundhaltung suchst, sexuelle Intimität ausschließlich für die Ehe zu reservieren.

Sex gehört für mich in die Ehe

Durch deinen kompromisslosen Entschluss zu warten, bleibt das, was hier drin steht, keine graue Theorie, sondern verleiht der Bodenplatte Idealform und Festigkeit.

Mit den letzten Zeilen muss noch etwas klargestellt werden. »Wahre Liebe wartet« gibt es schon viel länger als die gleichnamige Unterschriftenaktion. Denn diesen Gedanken hat Gott selbst für uns erdacht. Seine ganze Schönheit und Liebe zu uns ist darin zu finden. Keine Frage, was er für uns vorbereitet hat, übersteigt jede Vorstellungskraft. Es lohnt sich, ihm zu vertrauen, und wer ihm glaubt, wird nicht enttäuscht.

Wer diese Schönheit über alle möglichen Argumentationsgerüste hinaus einmal erkannt hat, dem wird klar – Liebe ohne Warten ist wie ein Regenbogen ohne Farbe.

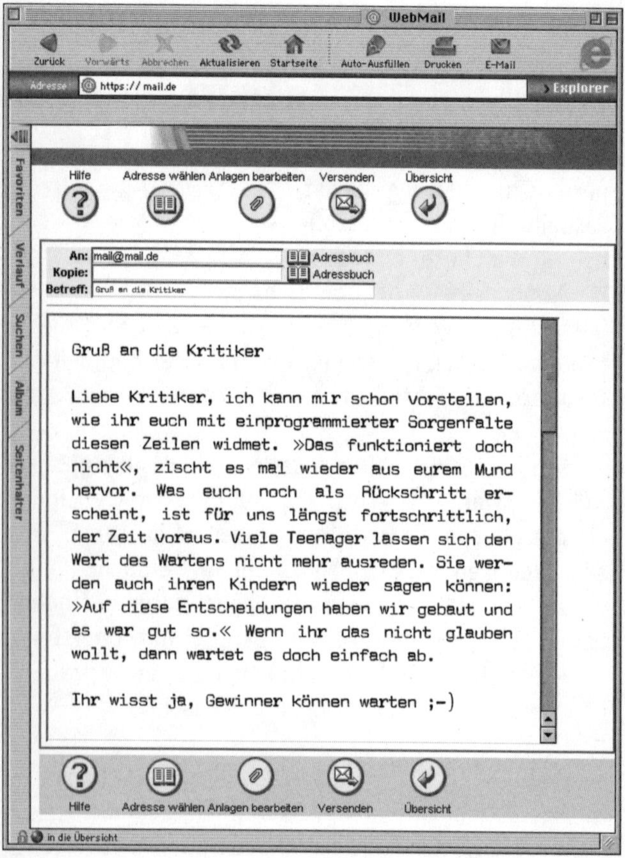

Gruß an die Kritiker

Liebe Kritiker, ich kann mir schon vorstellen, wie ihr euch mit einprogrammierter Sorgenfalte diesen Zeilen widmet. »Das funktioniert doch nicht«, zischt es mal wieder aus eurem Mund hervor. Was euch noch als Rückschritt erscheint, ist für uns längst fortschrittlich, der Zeit voraus. Viele Teenager lassen sich den Wert des Wartens nicht mehr ausreden. Sie werden auch ihren Kindern wieder sagen können: »Auf diese Entscheidungen haben wir gebaut und es war gut so.« Wenn ihr das nicht glauben wollt, dann wartet es doch einfach ab.

Ihr wisst ja, Gewinner können warten ;-)

Kontaktadressen:

Wahre Liebe wartet – Deutschland:
Postfach 62
73555 Mutlangen
Telefon (0 62 54) 3 71 91
E-Mail: team@wahreliebewartet.de
www.wahreliebewartet.de

Wahre Liebe wartet – Schweiz:
Postfach 69
8024 Zürich
Telefon/Fax (01) 22 11 00
E-Mail: wlw@wahreliebewartet.ch
www.wahreliebewartet.ch

Egal, ob Schule, Jugendveranstaltung oder sonstige Treffen: Das WLW-Team läuft, fährt oder fliegt für euch fast überall hin.

Schreibt oder ruft uns an!

"Mit Gottes Hilfe verspreche ich ab heute, vor Gott, mir selbst, meiner Familie, meinen Freunden und meinem zukünftigen Ehepartner, bis zum Tag meiner Heirat sexuell enthaltsam zu leben."

Name:..Alter:......

Straße:..

PLZ/Ort:...

Email:...

Datum: Unterschrift:

....

"Mit Gottes Hilfe verspreche ich ab heute, vor Gott, mir selbst, meiner Familie, meinen Freunden und meinem zukünftigen Ehepartner, bis zum Tag meiner Heirat sexuell enthaltsam zu leben."

Name:..Alter:......

Straße:..

PLZ/Ort:...

Email:...

Datum: Unterschrift:

....